Anonymous

Das Eisenbahnwesen

vom militärischen Standpunkte - Teil 2

Anonymous

Das Eisenbahnwesen
vom militärischen Standpunkte - Teil 2

ISBN/EAN: 9783743375918

Hergestellt in Europa, USA, Kanada, Australien, Japan

Cover: Foto ©ninafisch / pixelio.de

Manufactured and distributed by brebook publishing software (www.brebook.com)

Anonymous

Das Eisenbahnwesen

Das
Eisenbahnwesen
vom

militärischen Standpunkte.

Zweiter Theil.

Unbrauchbarmachung und Zerstörung von Eisenbahnen. Bahn=
herstellungen zu militärischen Zwecken. Militärische Vorkehrungen
zur Sicherung der Bahnhöfe. Eisenbahn=Recognoscirungen.

Nebst einem Anhang

über

Telegraphie und Signalwesen.

Wien.

Aus der kaiserlich-königlichen Hof- und Staatsdruckerei.
1863.

Inhalt
des zweiten Theiles.

VI. Abschnitt.

Unbrauchbarmachung und Zerstörung von Eisenbahnen.

                                                 Seite

Unbrauchbarmachung der Eisenbahnen 104
   I. Fahrbetriebsmittel 105
      A. Zurückziehen der Fahrbetriebsmittel 105
      B. Unbrauchbarmachen der Fahrbetriebsmittel 108
  II. Oberbau 109
 III. Betriebsvorrichtungen, Hochbauten 113
 IV. Unterbau 116
      A. Dämme und Einschnitte 116
      B. Tunnels 117
      C. Durchlässe, Brücken, Viabucte und Gallerien 117
         a) Gemauerte Brücken 118
         b) Holzbrücken 121
         c) Eisenconstructionen 122
         d) Bewegliche Brücken 126
         e) Trajectanstalten 126
Sicherung der Arbeiten, einleitende Maßregeln, Arbeitskräfte, Leitung und
   Anordnung der Unbrauchbarmachung einer Bahn 127
Zerstören von Eisenbahnen 130
   A. Tunnels 132
   B. Brücken, Viabucte, Gallerien, Durchlässe, Stützmauern 132
   C. Dämme und Einschnitte 134
   D. Oberbau 135
   E. Bahnhofs-Anlagen 135
   F. Fahrbetriebsmittel 135
Zerstören von Eisenbahnen in der Absicht, ihre Benützung als Verbindungs-
linien für Fußmärsche und als Terraingegenstände für taktische Zwecke über-
haupt, zu verhindern 135

VII. Abschnitt.

Bahnherstellungen zu militärischen Zwecken.

	Seite
A. Bau provisorischer Eisenbahnen zu rein militärischen Zwecken	140
a) Vorarbeiten	142
b) Erdarbeiten	144
c) Provisorien für Kunstbauten	145
d) Oberbau	148
e) Hochbauten	149
f) Anordnung der Arbeiten	150
g) Bauleitung und Arbeiterverwendung	150
h) Instandhaltung der provisorischen Bahnbauten	151
B. Pferde-Eisenbahnen als Ersatz für provisorische Locomotivbahnen	152
C. Herstellung unbrauchbar gemachter oder zerstörter Eisenbahnen zu militärischen Zwecken	153

VIII. Abschnitt.

Militärische Vorkehrungen, um Bahnhöfe sowohl gegen feindliche Angriffe im Kriegsfalle, als auch bei Volksaufständen u. dgl. zu sichern, sowie dieselben mit Erfolg vertheidigen zu können 156

IX. Abschnitt.

Militärische Recognoscirung von Eisenbahnen 161

Anhang.

Telegraphie und Signalwesen.

Telegraphie	170
Nabeltelegraph von Bain	170
Drucktelegraph von Morse	173
Signalwesen	179
1. Elektromagnetische Glockensignale	179
2. Optische Signale	181
3. Gewöhnliche akustische Signale	185
4. Knallsignale	185

VI. Abschnitt.

Unbrauchbarmachung und Zerstörung von Eisenbahnen.

Der große Einfluß, welchen Eisenbahnen auf kriegerische Operationen ausüben, bringt es mit sich, daß man im Kriege stets bestrebt sein wird, dem Gegner die Benützung dieses wichtigen Communicationsmittels zu entziehen.

Dieser Zweck kann theils durch rein tactische oder strategische Maßregeln, theils und hauptsächlich auch durch das Unbrauchbarmachen oder Zerstören der Bahnen selbst erreicht werden.

Wie weit man in letzterer Beziehung zu gehen habe, dieß muß die Rücksicht bestimmen, daß ein Wechsel der Ereignisse uns leicht in die Lage versetzen kann, eine Eisenbahnstrecke, die wir dem Gegner überlassen mußten, selbst wieder zu benützen.

Es wird also in den meisten Fällen nicht auf vollständiges und gründliches Zerstören der Bahn, sondern in der Regel nur darauf ankommen, den Verkehr auf derselben durch Anwendung der geeignetsten Mittel für eine gewisse, bestimmte Zeit absolut unmöglich zu machen, ohne aber sich selbst der Möglichkeit zu berauben, die Bahn erforderlichenfalls in kürzester Frist wieder in fahrbaren Zustand versetzen zu können.

Nicht allein militärische, sondern auch finanzielle und national-ökonomische Rücksichten sprechen dafür, daß man bei Verfolgung dieses Zweckes, namentlich im eigenen Lande, mit Schonung und Umsicht zu Werke gehe, damit nicht in der Folge übertriebene Entschädigungsanforderungen an den

Staat erhoben werden, und der Handel und Verkehr, sobald es die Umstände gestatten, sich durch möglichst schnelle Herstellung der unfahrbar gemachten Eisenbahnstrecken in kürzester Zeit wieder beleben könne.

Hieraus folgt, daß die wirkliche und gänzliche Zerstörung einer Eisenbahn höchstens in Feindesland, und auch da nur dann zu rechtfertigen wäre, wenn man voraussieht, daß die betreffende Linie im Laufe des Feldzuges für den eigenen Bedarf sicher nicht benöthiget werden wird.

Unter dieser Voraussetzung ließe sich die Eisenbahnzerstörung selbst auch als eines jener außergewöhnlichen, heutzutage nur selten mehr in Anwendung kommenden Kriegsmittel bezeichnen, mittelst welcher dem Feinde sehr empfindlicher Schaden an Hab und Gut zugefügt werden kann.

Im Allgemeinen aber hat als Grundsatz zu gelten, daß Eisenbahnstrecken, welche wir dem Gegner überlassen müssen, in der Regel nicht vollends zu zerstören, sondern, wo es nur immer angeht, bloß in einer dem oben angedeuteten Zwecke zur Genüge entsprechenden Weise unbrauchbar zu machen sind.

Unbrauchbarmachung der Eisenbahnen.

Die Betriebsfähigkeit einer Eisenbahn beruht auf dem gegenseitigen, unbehinderten Zusammenwirken aller jener Theile, aus welchen sie besteht; keiner derselben darf fehlen oder in seiner Wirksamkeit gelähmt sein, ohne daß nicht auch der Betrieb entweder gänzlich unmöglich gemacht oder zum mindesten in sehr empfindlicher Weise gestört werden würde. Folgerichtig also genügt es, nur eines oder mehrere dieser Elemente zu beseitigen oder außer Wirksamkeit zu bringen um den ganzen Verkehrsapparat unbrauchbar zu machen; wozu sich jene Bestandtheile am besten empfehlen, welche entweder schnell zu entfernen oder außer Thätigkeit zu bringen, oder aber leicht zu transportiren und schwer zu ersetzen sind.

Demgemäß sind auch die Mittel, wodurch der Eisenbahnverkehr entweder gänzlich behindert, oder doch seiner größten militärischen Vortheile, nämlich der Möglichkeit, massenhafte Transporte schnell und sicher durchzuführen, beraubt werden kann, sehr verschieden.

Welche dieser Mittel von Fall zu Fall, ob nur eines derselben oder deren mehrere vereint angewendet werden sollen, dieß hängt im Allgemeinen von dem Grade der Unbrauchbarmachung ab, der mit Rücksicht auf gewisse, mehr oder weniger Einfluß übende Umstände erreicht werden soll, und innerhalb der zu Gebote stehenden Zeit auch wirklich erreicht werden kann.

Jedenfalls aber wird man, wenn die Wahl freisteht, stets zu jenen Mitteln greifen, welche am sichersten, dabei am einfachsten, schnellsten und doch in der schonendsten Weise zum Ziele führen. Eine betriebsfähige Eisenbahn besteht aus dem Unter-, dem Ober- und dem Hochbau, dann aus verschiedenen zur Herstellung der Fahrbahn erforderlichen Kunstbauten, als: Brücken, Viaducten, Tunnels ꝛc., ferner aus den Betriebsvorrichtungen, und den der Größe des Verkehrs entsprechenden Fahrbetriebsmitteln einschließig der erforderlichen Anzahl von Locomotiven. Außerdem müssen Wasser- und Brennstoffvorräthe in hinreichender Menge vorhanden und längs der Bahn gehörig vertheilt sein, und es darf auch an dem erforderlichen Betriebspersonale nicht fehlen.

Abgesehen von der Abberufung des letzteren, womit man dem geregelten Betriebe einer aufzugebenden Strecke unter allen Umständen sehr große Schwierigkeiten bereiten wird, lassen sich die übrigen zur Unbrauchbarmachung von Eisenbahnen dienlichen Mittel in folgende Hauptgruppen scheiden.

I. Fahrbetriebsmittel.

Sie können der feindlichen Benützung entweder durch Zurückziehen aus dem Operationsbereiche des Gegners oder durch Unbrauchbarmachung der Wagen und Locomotive entzogen werden.

Wo aber nur immer die Möglichkeit vorhanden ist, soll das erstere geschehen, weil man dadurch den Feind am sichersten und vollständigsten an deren Benützung verhindert, sich selbst aber den großen Vortheil bewahrt, sie je nach Bedarf zur Erhöhung des eigenen Verkehrs auf anderen Bahnstrecken verwenden zu können.

A. Zurückziehen der Fahrbetriebsmittel.

In Fällen, wo es sich nicht bloß um einzelne Wagen oder Locomotive, sondern um die Zurückziehung eines ganzen Fahrparkes handelt, ist Folgendes zu beachten.

Vor allem andern muß mit der Rückschaffung rechtzeitig begonnen werden, um selbe bis zu dem Momente des Aufgebens der betreffenden Bahnstrecke vollständig durchgeführt haben zu können. Das Zurückziehen der Fahrbetriebsmittel darf aber nur nach Maßgabe ihrer Entbehrlichkeit für unsere eigenen Zwecke derart stattfinden, damit der Transport von Truppen, Verpflegs- und Kriegsmateriale nach allen jenen Theilen oder Punkten des Kriegsschauplatzes, die vom Kriege nur im Allgemeinen bedroht, jedoch durch die Operationen des Gegners noch keiner directen Gefahr ausgesetzt sind, keinerle Störung erleide.

Sollte dieß bei einzelnen Punkten von besonders hervorragender strategischer Bedeutung, wie z. B. Grenz- und anderen sehr wichtigen Festungen im Bereiche des Kriegsschauplatzes nicht geschehen können, ohne das Betriebsmateriale einigermaßen zu gefährden, so muß die unverkümmerte Freiheit der eigenen Transportbewegung, selbst auf die Gefahr, das Materiale aufopfern zu müssen, einer jeden voreiligen Sicherung desselben schon aus dem Grunde vorgezogen werden, weil die Vortheile, welche dem Feinde aus der Besitznahme von Fahrmateriale erwachsen, weit geringer sind, als die Nachtheile, in welche wir uns durch vorzeitiges Aufgeben und Verstopfen einer nur möglicherweise vom Feinde bedrohten, weil im Bereiche der Kriegsoperationen befindlichen Eisenbahnlinie, versetzen würden.

Der Zeitpunkt für das allmälige Zurückziehen des Fahrmateriales von Bahnen, die im nahen Bereiche der vom Kriege bedrohten Grenze hinziehen, fällt daher zwischen die Einstellung des allgemeinen Verkehrs und den Vollzug unseres strategischen Aufmarsches an der Grenze, vorausgesetzt, daß letzterer nicht in der Absicht geschieht, um sofort die Offensive zu ergreifen.

Die Menge der zu sichernden Wagen und Locomotive, ihre Vertheilung, dann das Bahnnetz des betreffenden Landstriches nebst noch anderen Umständen entscheiden, ob der Rückzug auf einer oder mehreren und auf welchen Linien stattzufinden habe.

Das Zurückführen des Materials soll in möglichst starken Zügen erfolgen, wodurch die Bewegung an und für sich vereinfacht, und mit dem theilweise vielleicht noch fortbestehenden Gegenverkehr leichter in Einklang gebracht werden kann.

Die zurückzuziehenden leeren Wagen sind dazu zu benützen, um wichtige Betriebsgegenstände oder einzelne, gewissen Betriebseinrichtungen in der

Absicht entnommene Bestandtheile, erstere für die feindliche Benützung unbrauchbar zu machen, zurückzuschaffen.

Läßt sich voraussetzen, daß die Zahl der vorhandenen Nebengeleise auf den zur Deponirung des zurückgeschafften Fahrbetriebsmaterials im voraus bestimmten Stationen für dessen Unterbringung nicht hinreichen werde, so kann man sich durch Anlage von eisernen oder hölzernen, mit Querunterlagen versehenen Nothgeleisen behelfen.

Die beste Eignung hiezu besitzen größere, neben den Bahnhöfen befindliche freie Plätze mit festem Boden, oder nahe gelegene entbehrliche chaussirte Straßenstrecken.

Die Locomotive müssen, falls sie nicht in gedeckten Räumen Unterkunft fänden, jedenfalls eine provisorische Bedachung erhalten oder wenigstens mit Decken überlegt werden.

Aus dem bisher Gesagten erhellt, daß die Zurückziehung der Fahrbetriebsmittel überhaupt nach einem wohl durchdachten Plane vor sich gehen und mit dem im Bereiche der eigenen Kriegsoperationen noch fortbestehenden Eisenbahnverkehre in vollen Einklang gebracht werden müsse.

Dieß führt von selbst zu der Nothwendigkeit einer einheitlichen Leitung aller hierauf bezüglichen Anordnungen, welche am besten durch jene Organe geübt werden kann, die laut Abschnitt III aufgestellt werden müssen, um die Durchführung der Eisenbahntransporte zu leiten und zu überwachen.

Würde aber das zurückzuschaffende Materiale solchen Bahnlinien angehören, die sich außerhalb des eigentlichen Wirkungsbereiches dieser Transportbehörden und zu weit von dem Sitze derselben entfernt befänden, so können für diesen Zweck auch wohl eigene Organe aufgestellt werden, die alsdann in einer den Verhältnissen angepaßten ähnlichen Weise zusammengesetzt werden müßten, wie die Liniendirectionen. Für eine jede selbstständige Rückzugslinie würde übrigens ein solches Organ genügen.

Im Allgemeinen müßten dieselben der Centralleitung für Eisenbahntransporte untergeordnet sein, hätten aber auch mit den sonstigen Eisenbahn-Transportbehörden stets im engsten Einvernehmen zu handeln.

Gleichwie die directe Schienenverbindung aller Bahnlinien eines Landes zu den unerläßlichsten Bedingungen einer möglichst ergiebigen Benützung der Eisenbahnen für militärische Transportzwecke gehört, ebenso bildet sie auch eines der Haupterfordernisse, um die Fahrbetriebsmittel von ben, vom Feinde bedrohten Linien oder Strecken im entscheidenden Momente rasch und anstandslos zurückziehen und auf anderen Bahnlinien nutzbar machen zu können.

Militärischerseits sollte daher stets dahingestrebt werden, das Bahnnetz wenigstens im eigenen Lande überall in unmittelbare Schienenverbindung zu bringen; es wäre aber auch auf die Anlage geräumiger Bahnhöfe in Festungen, und auf eine, gegen feindliche Handstreiche volle Beruhigung gewährende Herstellung der Hauptstationsplätze überhaupt zu achten, um für den Fall, als das Betriebsmateriale von einer oder der anderen Linie zurückgezogen werden müßte, die Sammel- und Aufbewahrungsorte für selbes schon in einer, den militärischen Rücksichten entsprechenden Weise vorbereitet zu finden.

B. Unbrauchbarmachen der Fahrbetriebsmittel.

An den Wagen ist der Unterbau mit Achsen und Rädern das Wesentlichste; durch Abnahme der Räder sammt Achsen a und Achsenlager b Fig. 1, 2, 3, Beilage 7, läßt sich eine Unbrauchbarmachung sogleich, vollständig und am sichersten erreichen.

Auch schon die bloße Lockerung und Entfernung der Schraubenmuttern an den Achsenhaltern c Fig. 1 und 3, Beilage 7, die Abnahme einer zum Achsenlager gehörigen Pfanne d Fig. 1 und 2, Beilage 7, die Entfernung sämmtlicher Kuppelketten, das Ausschlagen der Bolzen an den Tragenden der Federn e Fig. 3, Beilage 7, reicht hin, um die Benützung der Wagen für einige Zeit zu verhindern.

Wenn man die Seiten- oder Stirnbalken der Wagentragrahmen ein- oder mehrmal zur Hälfte durchsägt, so läßt sich eine noch gründlichere und nachhaltigere Unbrauchbarmachung erzielen; die Reparatur, wiewohl möglich, wird aber schwierig und zeitraubend, weil der ganze Kasten herausgenommen werden muß, um neue Langbäume oder Tragbalken einzuziehen.

An einer Locomotive Fig. 4, Beilage 7, genügt die Herausnahme des Kesselventils a, das Abnehmen der Kolbenstangen b, der Chlinder c, der Radkuppelstangen d u. dgl., um sie bis zum Ersatz dieser Bestandtheile vollkommen unbrauchbar zu machen.

Das Herausnehmen der Kolben k ist ebenfalls ein sehr wirksames und zugleich einfaches Mittel, da die Anfertigung eines neuen Kolbens sehr lange Zeit braucht, und nicht so leicht zu bewerkstelligen ist.

Mit der bloßen Entziehung der Fahrbetriebsmittel, sei es durch Zurückschaffen oder Unbrauchbarmachen der Wagen und Locomotive läßt sich aber der Zweck, den Feind an der Benützung einer Bahn zu verhindern, nur dann erreichen, wenn zwischen der betreffenden Linie und den im Besitze des Gegners befindlichen Bahnen keine Schienenverbindung besteht, oder wenn die beiderseitigen Bahnen verschiedene Spurweite besitzen würden.

Ist jedoch der Feind im Stande, seine eigenen Fahrbetriebsmittel auf die betreffende Bahn zu schaffen und daselbst zu verwenden, so würde man damit nicht viel gewinnen, und es müßte alsdann an die Bahnanlagen, beziehungsweise an die Betriebsvorrichtungen selbst Hand angelegt werden. Demungeachtet aber darf nicht unterlassen werden, gleichzeitig auch die Wagen und Locomotive zurückzuschaffen oder nöthigenfalls durch Unbrauchbarmachung einer jeden feindlichen Verwendung zu entziehen.

II. Oberbau.

Das einfachste Mittel, um eine Bahn unfahrbar zu machen, besteht in der theilweisen Entfernung des Oberbaues a, b, c, d, Fig. 5, Beilage 7, worunter man die auf den eigentlichen Bahnkörper aufgeschichtete Bettung aus Steinen, geschlagenem Schotter, Geschieben und Kies, mit den darauf ruhenden Schwellen und Schienen und den zu ihrer gegenseitigen Verbindung dienenden Bestandtheilen begreift.

Es handelt sich jedoch nur um die Beseitigung der Schienen und Schwellen, was auf größere Strecken angewendet, in Anbetracht, daß der Feind um die Bahn wieder fahrbar zu machen, erst von anderwärts mit Zeitverlust Ersatz herbeischaffen muß, ein immerhin erhebliches und längere Zeit andauerndes Hinderniß bildet *).

---

*) Auf einer halben Bahnmeile einfachen Geleises liegen gewöhnlich 1372 Schienen à 4·5 Ctr. bei 18 Fuß Länge, mit eben so viel Paaren Laschen oder Stühlen; 4116 Schwellen zu 1·5 Ctr., bei Laschen-, oder 4802 Schwellen bei Stuhlverbindung. Auf jedes Paar Laschen sind noch 1 Unterlegplatte und 4 Schraubenbolzen, auf jeden Stuhl 1 hölzerner Keil, auf jede Schiene 14 Hakennägel zu rechnen.

Bei doppelspurigen Strecken ist vor Allem eine der beiden Fahrbahnen gänzlich zu entfernen, weil der Feind das eine der Geleisepaare sehr vortheilhaft zur Ergänzung des anderen benützen könnte. Für eine Bahnmeile werden nämlich ungefähr 3000 Schienen und 10.000 Schwellen nebst Zugehör benöthigt, und da der Gegner ein solches Quantum nicht sogleich herbeizuschaffen im Stande sein dürfte, so ist es sehr wahrscheinlich, daß er für den ersten Augenblick auf die Vortheile einer doppelten Fahrbahn verzichten, dagegen aber das zweite Geleise und alle entbehrlichen Bahnhofsspuren dazu verwenden wird, um mindestens ein Fahrgeleise möglichst schnell wieder durchaus fahrbar zu machen.

Wird die Möglichkeit in Aussicht genommen, die Bahn in der Folge vielleicht selbst wieder benützen zu müssen, so soll sich die Unfahrbarmachung des Oberbaues nur auf gerade Bahnstrecken beschränken, dagegen aber sind in den Curven die Geleise oder doch die Schwellen liegen zu lassen.

Unter den auf dem europäischen Festlande dermalen gebräuchlichen Arten von Schienen und Schienenbefestigungen sind vorzugsweise zwei zu bemerken, und zwar:

a) Die stets mehr in Anwendung kommenden breitbasigen Schienen mit ihrer vortheilhaften Laschenverbindung Fig. 6 und 7, Beilage 7.

b) Die in Abnahme begriffenen Stuhlschienen mit Stuhlverbindung Fig. 8, Beilage 7.

Bei der Laschenverbindung sind die Schienen mit Hakennägeln unmittelbar auf die Schwellen geheftet; unter sich aber durch die Laschen a Fig. 7, Beilage 7, verbunden, worunter man Eisenplatten versteht, die auswärts am Zusammenstoß der Schienen mittelst vier starker durchgreifender Schrauben fest anliegen.

Bei der Stuhlverbindung ruhen die Schienen in, auf den Schwellen befestigten sogenannten Stühlen a Fig. 8, Beilage 7, woselbst sie durch eiserne oder hölzerne Keile b in der gehörigen Lage erhalten werden.

Das Abbrechen würde also folgende Arbeiten erheischen:

a) Abschrauben der Laschen oder Losschlagen der Keile.

b) Ausziehen der Hakennägel auf den inneren Schienenseiten des Geleises, und Sammeln derselben.

c) Lockern, Aufheben, Beiseitelegen, dann Auflaben und Fortschaffen der Schienen.

d) Auflockern, Herauslegen, Auflaben und Fortschaffen der Schwellen, auf welchen die äußeren Hakennägel und die Stühle belassen werden können.

Zur Beschleunigung des Abbruches werden die Arbeiter in Brigaden nach den eben bemerkten viererlei Geschäften getheilt.

Die erste Brigade beginnt ihre Aufgabe am ersten Schienenpaare und begibt sich der Reihe nach zu den folgenden, während die anderen Brigaden successive sogleich an ihre Stelle rücken.

Zum Forttragen und Auflaben der Schienen und Schwellen, Sammeln der Laschen, Keile, Bolzen, Schraubenmuttern (an Schnüre gefaßt) und der Hakennägel sind die ungeübteren Arbeiter zu verwenden.

Die Zahl der gleichzeitig anzustellenden Arbeiter erleidet übrigens eine Beschränkung, wenn mit dem Abbruch auch das Verladen auf Wagen und Fortschaffen des Materials verbunden wird, womit eigentlich der Zweck erst vollständig erreicht werden würde.

In solchem Falle läßt sich am Geleise selbst nur auf einer Länge von etwa drei Schienen (54 Fuß) gleichzeitig arbeiten, da man die Wagen, des Beladens wegen, möglichst nahe zur Hand haben muß, um sie sofort ohne Zeitverlust partienweise mittelst Locomotiven auf die nächsten Bahnhöfe bringen und von dort wieder leer zurückschaffen zu können.

Bei der Laschenverbindung ist die Geleiseabtragung, des Oeffnens der Schrauben wegen, zeitraubender als bei der Stuhlverbindung. Man hat indessen bereits die Erfahrung gemacht, daß eine Bahn, selbst nach gänzlicher Abnahme der Laschenverbindung, noch mehrere Tage lang ohne Gefahr befahrbar bleibt; es kann daher schon frühzeitig durch Abnahme der Laschen, der Geleiseabtragung vorgearbeitet werden, womit sich die Aushebung der Schienen und Schwellen außerordentlich beschleunigen, ja um ein Drittel bis zur Hälfte der sonst erforderlichen Zeit abkürzen läßt.

Bei gehöriger Eintheilung, umsichtiger Leitung, ununterbrochen fleißiger Arbeit, und wenn gleichzeitig auch für die geregelte Fortschaffung des Materials volle Sorge getragen wurde, kann eine Arbeitsabtheilung von 120 bis 150 Mann, je nach den bezeichneten Schienenverbindungen, innerhalb 10 bis 13 Stunden eine halbe eingeleisige

Bahnmeile abreißen; was also bei allgemeinen Ueberschlägen als mögliche Tagesleistung angenommen werden kann *).

Zum Fortschaffen des Materials von einer halben Bahnmeile sind erforderlich 29 bis 30 Wagen von 200 Ctr. Tragkraft für die Schienen (bei 6000 Ctr.), dann 35 bis 40 Wagen für die Schwellen (150 bis 200 Ctr. auf einen Wagen), also im Ganzen etwa 64 bis 70 Wagen von 200 Ctr. Tragkraft oder 128 bis 140 Wagen von 100 Ctr. Ladungsfähigkeit, auf denen auch zugleich die kleineren Eisentheile unterzubringen sind.

Rascher als wie früher angegeben und insbesondere zweckmäßiger im Hinblick auf eine möglichst schnelle Wiederherstellung der Fahrbahn, ließe sich die Unfahrbarmachung statt durch völlige Trennung der Schienen und Schwellen, dadurch erzielen, daß man ganze Geleisestücke, d. h. ein oder zwei zusammengehörige Schienenpaare sammt den daran hängenden 6, beziehungsweise 12 Schwellen (eine Last von ungefähr 18 oder 36 Ctr.) mit Menschenkraft oder mittelst transportabler Maschinen aufheben, und nach Umständen entweder auf Lowries in Schichten (zu höchstens 5) verladen und zurücktransportiren, oder über die Bahnböschung hinabwerfen läßt.

Eine solche Abbrechungsmethode dürfte sich namentlich in jenen Fällen empfehlen, wo die Zeit sehr drängt; Partien von 15 bis 30 Mann hätten berlei Geleisestücke mit Brechstangen ꝛc. an den Schwellenköpfen einer Langseite aufzulockern, umzuschlagen und sodann auf die Bahnböschung zu werfen, von wo sie durch andere Leute herabgezogen und möglichst weit vom Bahnkörper entfernt werden müßten.

Dieß wäre insbesondere auf höher liegenden Dammkronen mit je 2 bis 4 Schienenlängen wiederholt vorzunehmen.

Es bedarf wohl keiner besonderen Betonung, daß berlei Arbeiten mit der größten Energie und Thätigkeit durchgeführt werden müssen, wobei eine einzige Tagesleistung schon ein sehr erhebliches Resultat liefern wird.

---

*) Dießfalls angestellte Versuche haben nämlich ergeben, daß geübte Eisenbahnarbeiter ein Geleise von 9 Schienenlängen (162 Fuß) bei Laschenverbindung in 10 Minuten, bei Stuhlverbindung in 6 Minuten vollständig abnahmen.

Ferner wurde ermittelt, daß bei Laschenverbindung 147 Mann, bei Stuhlverbindung 120 Mann (incluf. Aufsicht) in einer Stunde eine Bahnstrecke von etwas über 1000 Fuß oder 57 Schienenlängen vollständig abbrechen und das Material auf die Eisenbahnwagen zurückzuschaffen vermochten.

Geht es nicht an, das abgetragene Material fortzuschaffen, so wären im äußersten Falle die Schwellen zu verbrennen, die Eisentheile aber könnten ins Wasser versenkt oder vergraben werden.

Die Abnahme des Oberbaues in den Bahnhöfen bildet einen höheren Grad der Betriebsstörung, nimmt aber schon mehr Bezug auf die Unbrauchbarmachung oder Beseitigung der Betriebsvorrichtungen, worüber der nachfolgende Absatz handelt.

III. Betriebsvorrichtungen, Hochbauten.

Zu den Betriebsvorrichtungen gehören:

Die Ausweich-, Kreuzungs- und Wechselvorrichtungen, die Verständigungsmittel, die Hebe-, Lade- und Wasserkrahne, die Wasserthürme; auch kann man alle sonstigen in den Bahnhöfen vorhandenen, zum Bahnbetriebe dienlichen Gegenstände, mit Einschluß des Brennmateriales, dazu rechnen.

Die Wasserthürme und Maschinenwerkstätten sind die einzigen Hochbauten, die eine bloße Unbrauchbarmachung zulassen, während bei allen anderen Baulichkeiten kaum Anderes, als ihre theilweise Zerstörung erübrigen würde, um sie der feindlichen Benützung zu entziehen.

Aber nur in höchst seltenen Fällen wird man sich entschließen und dürfte es überhaupt gerechtfertiget erscheinen, an die letzteren vernichtende Hand anzulegen, womit man nur die Gräuel des Krieges vermehren würde, ohne für den Hauptzweck, den Gegner an der Benützung der Bahn zu verhindern, viel gewonnen zu haben.

Von den **Betriebsvorrichtungen** ist ohne Ausnahme Alles, was nicht unbedingt für den noch fortbestehenden eigenen Betrieb der Bahn benöthiget wird, zu entfernen, und gilt dieß insbesondere hinsichtlich der Brennstoffvorräthe und aller jener Materialien und Geräthe, die dem Feinde zur Wiederherstellung der Bahn und des Betriebes dienlich sein könnten.

Nur im äußersten Nothfalle und wenn es durchaus nicht anders angeht, dürfen jedoch derlei Materialien durch Feuer ꝛc. zerstört werden, während Brennstoffvorräthe nach Umständen auch den Einwohnern der Umgegend Preis gegeben werden könnten.

Nach beendeter Wegschaffung der eben bemerkten Bahnhofs-Einrichtungsgegenstände, oder auch unter Einem, kann an die Unbrauchbarmachung der sonstigen Betriebsvorrichtungen gegangen werden.

Zu diesem Behufe wären bei Ausweichvorrichtungen Fig. 9 und Fig. 10, Beilage 7, a, b, c, d, e, f, die Zughebel f abzunehmen, oder die Wechselherzstücke a, b, c, d, oder die Wechselstöcke e, f, g zu beseitigen, bei den Kreuzungsvorrichtungen Fig. 9, Beilage 7, h, i, k, l, m, n, aber die, die Kreuzung bildenden Schienengeleise zu entfernen.

Drehscheiben werden unbenützbar, wenn man von denselben die Schienen abnimmt, und bei solchen, die mit einem besonderen Getriebe versehen sind, letzteres abschraubt; ein Feststellen der Scheiben mittelst Verkeilen würde deren spätere Benützung nur wenig erschweren.

Von den in Oesterreich nur ausnahmsweise gebräuchlichen Schiebebühnen oder Geleisekarren (niedrige, mit 4, 6, 8 oder 10 Rädern versehene, zum Versetzen der Locomotive oder Bahnwagen von einem Geleise auf das andere oder in Wagenremisen, Locomotivremisen, Heizhäuser 2c., dienliche Plattformwagen, welche ein Stück Bahngeleise tragen und auf einer, meist vertieften, die parallelen Geleise senkrecht durchschneidenden Bahn fortbewegt werden können) wären die Geleise abzunehmen, allenfalls auch ein Paar Räder abzuziehen und fortzuschaffen. Hebe- und Ladekrahne werden ausgehoben oder zerlegt, und die wichtigsten Stücke (entweder aus dem Getriebe oder die Kurbeln, Zahnräder 2c.) mitgenommen; die schwersten Stücke verscharrt man oder versenkt sie ins Wasser.

Von den Verständigungsmitteln ist der elektro-magnetische Telegraph, um mit den, längs der betreffenden Bahnstrecke befindlichen Truppen und Arbeitsdetachements so lange als möglich verkehren zu können, bis zuletzt in Thätigkeit zu belassen. Um aber alsdann das Telegraphiren wirklich ganz unmöglich zu machen, müßten nicht nur die Batterien beseitigt, sondern auch die Drahtleitungen unterbrochen werden; da Fachmänner, welche mit dem Telegraphenwesen vertraut sind, im Nothfalle auch ohne eigentlichen Apparat, vermittelst einer mit Multiplicationsrolle versehenen Taschenbussole, im Stande sind, telegraphische Zeichen zu geben, wenn nebst der Leitung nur noch die Stromquelle, d. h. eine Batterie vorhanden oder aufzutreiben ist. Die Batterien sind wo möglich mitzunehmen, da sonst nichts erübrigen würde als sie zu zerstören, was übrigens bei ihrer sehr gebrechlichen Einrichtung keinerlei Schwierigkeiten unterliegt.

Bei den Drahtleitungen ist zwischen den oberirdisch oder unterirdisch geführten zu unterscheiden.

Bei den oberirdischen, deren Haupttheile aus dem Drahte, dessen Unterstützungen (Tragsäulen) und den Isolatoren bestehen, sind es vorzüglich die letzteren, durch deren Beseitigung eine länger andauernde Unterbrechung der telegraphischen Correspondenz erzielt werden kann, indem die Wiederherbeischaffung und Herstellung von isolirenden Trägern auf große Distanzen jedenfalls geraume Zeit erfordert. Gestatten es die Umstände, so ist der Leitungsdraht ordentlich abzunehmen und gerollt fortzuschaffen und sind wo möglich auch die Stangen zu beseitigen, um nicht für die feindliche Feldtelegraphie benützt werden zu können. Drängt die Zeit, so wird man sich begnügen müssen, mindestens die Drähte an den Verbindungen stellenweise abzureißen und einzelne längere Stücke ganz zu entfernen.

Unterirdische Leitungen, die übrigens nur selten vorkommen, sind schwer zugänglich; gelingt es aber, den Leitungsdraht zu treffen, so genügt auch das einmalige Abreißen, um bei der Schwierigkeit des Auffindens der beschädigten Stelle, dessen Benützung für längere Zeit zu verhindern.

Für die Unbrauchbarmachung elektro-magnetischer Glockensignale gelten im Allgemeinen dieselben Grundsätze, wie für jene der Telegraphen; nur ist zu bemerken, daß man nicht übersehen dürfe, die in den Wächterhäusern befindlichen Apparate rechtzeitig zurückzuschaffen, um sich durch deren etwaige Zerstörung nicht der Möglichkeit zu berauben, den unentbehrlichen Signaldienst bei Wiederbenützung der Bahn sogleich wieder einrichten zu können.

Eben deßhalb müssen auch die farbigen Signallaternen, desgleichen die Flügel und Körbe der stabilen optischen Signale mitgenommen, und deren Standsäulen ausgehoben und in Sicherheit gebracht werden.

In den Wasserstationen wären die Wasserkrahne, dann die zu denselben führenden Wasserleitungen und Pumpvorrichtungen zu entfernen.

Wo Dampfmaschinen angewendet werden, genügt das Abnehmen der Cylinder, Ventile, Kolben und Zugstangen.

Bei Werkstätten sind die Handwerkszeuge, Blasebälge, leicht transportable Maschinen oder Maschinenbestandtheile wegzuschaffen; namentlich sind es die Dampfmaschinen, welche insgesammt in ein oder der andern Weise der Benützbarkeit entzogen werden müßten.

IV. Unterbau.

Die Herbeischaffung der beseitigten Oberbaumaterialien, Bahnausrüstungsgegenstände u. dgl., so wie die Herstellung des Oberbaues wird für den Gegner jedenfalls mit Schwierigkeiten und Zeitverlust verbunden sein; am empfindlichsten und nachhaltigsten aber würde die Betriebsstörung, wenn die Vorkehrungen, womit sie erreicht werden soll, den Unterbau betreffen, worunter hier alle theils aus natürlicher Erde hergestellten, theils künstlich erbauten Bestandtheile begriffen werden, welche den Bahnkörper mit Ausnahme der darauf ruhenden Fahrbahn bilden.

A. Dämme und Einschnitte.

Bei ersteren sind Durchstiche, bei letzteren Verschüttungen die ausgiebigsten Mittel ihrer Unbrauchbarmachung. Barrikaden und Verhaue sind nur ein Nothbehelf für vorübergehende taktische Zwecke, womit man dem Betriebe der Bahn keine erwähnenswerthen Schwierigkeiten bereitet.

Dammdurchstiche müßten von Strecke zu Strecke 10 bis 15' tief, 25 bis 30' auf der Krone lang, und zwar wo es angeht, stets an den höchsten Dammstellen angebracht werden.

Besondere Beachtung verdienen jene Dammstrecken, wo die Bahn auf beiden Seiten unzugänglich, längere Zeit zwischen Sümpfen u. dgl. hinzieht, weil der Feind das Materiale zur Ausfüllung der Lücken, auf der Bahn selbst von weitem herbeiführen muß, und wenn mehrere derlei Einschnitte gemacht wurden, nicht mit der Ausfüllung von allen gleichzeitig beginnen kann.

Bei mittelfester Erde kann ein solcher Einschnitt von 25 bis 30 Mann in einem halben Tage hergestellt werden.

Uebrigens wird man sich nur dann dazu entschließen, wenn in der Nähe kein zur Sprengung vorbereitetes oder zur Unbrauchbarmachung besser geeignetes Object des Bahnkörpers vorhanden wäre.

Leichter, jedoch in ihren Wirkungen nachhaltiger, ist die stellenweise Verschüttung der Einschnitte, besonders wenn deren Seitenhänge aus Felsen oder losem Gesteine bestehen.

Größere Felsblöcke, die mittelst Brechstangen oder selbst durch Pulversprengung losgelöst und auf die Fahrbahn herabgeschleudert werden, können ein Hinderniß bilden, dessen Beseitigung dem Gegner unter Umständen große, mit bedeutendem Zeitverluste verbundene Schwierigkeiten zu bereiten vermag.

B. Tunnels.

Sie gehören zu den wichtigsten, schwierigsten und kostspieligsten Objecten des Eisenbahnbaues; eine Sprengung der Gewölbe oder Widerlagen ließe sich nur durch die Absicht einer vollständigen Vernichtung der Bahn begründen, welche Absicht aber, wie im Eingange dieses Abschnittes bemerkt wurde, nur höchst ausnahmsweise vorhanden sein kann.

In der Regel wird man sich begnügen, den Tunnel durch Entfernung des Oberbaues, Aufreißen der Bahnfläche, Verrammlungen oder Verschüttungen mit Erde u. dgl. unfahrbar zu machen. Bei längeren Tunnels finden sich nicht selten Schachte vor, welche durch die Gewölbdecke senkrecht zu Tage gehen, und die während des Baues zur Herbeiführung frischer Luft, zur Ausschachtung von Material u. dgl. gedient hatten; sie lassen sich sehr vortheilhaft dazu benützen, um von oben herab Erde und große Steinblöcke in den Tunnel zu werfen, und ihn so an mehrere Stellen mit verhältnißmäßig geringer Mühe zu verschütten.

C. Durchlässe, Brücken, Viaducte und Gallerien.

Kleinere Brücken und Durchlässe sind leicht durch Provisorien zu ersetzen; ihre Zerstörung würde keine besonderen Vortheile gewähren, daher man sie in der Regel unberührt läßt.

Größere Brücken werden je nach dem Materiale, aus welchem sie bestehen, und je nach ihrer Construction in verschiedener Weise unbrauchbar gemacht.

Im Allgemeinen unterscheidet man Eisenbahnbrücken aus Stein, aus Holz und aus Eisen; die letzteren zwei Gattungen ruhen zumeist auf steinernen Pfeilern.

Als besondere Arten sind noch die beweglichen Zug- und Drehbrücken zu bemerken; sowie endlich auch die Trajectanstalten zu jenen Mitteln gehören, deren man sich bei Eisenbahnen zum Uebersetzen von Flüssen, Strömen u. dgl. bisweilen bedient.

Viaducte sind theils gemauerte, theils aus Eisen hergestellte Ueberbrückungen trockener Terrainvertiefungen; ihre Unbrauchbarmachung erfolgt in derselben Weise wie bei Brücken.

Dasselbe gilt auch von den Gallerien, deren Construction jener der Viaducte und Brücken gleichkommt.

Aus der eigenthümlichen Beschaffenheit der verschiedenen Ueberbrückungen ergibt sich als allgemeine Regel, daß nur jene eine zeitlich bedingte Unbrauchbarmachung zulassen, deren Decke aus Holz oder Eisen besteht; während gemauerte Brücken und Viabucte nur durch Zerstörung einzelner Theile derselben, dem Betriebe für längere Zeit entzogen werden können.

a) Gemauerte Brücken.

Das einzige und wirksamste Mittel, um gemauerte Brücken, Viabucte und Gallerien, die nicht selten aus mehreren Etagen bestehen, unbrauchbar zu machen, ist die Sprengung, welche je nach den Dimensionen der Brückenöffnungen auf einen oder mehrere Gewölbbogen angewendet, und wenn es die sonstige Beschaffenheit und Wichtigkeit der Brücke erfordert, auch auf die jenen Bogen angehörigen Pfeiler ausgedehnt werden müßte, um provisorische Herstellungen unzulässig zu machen oder mindestens erheblich zu erschweren.

Da aber eine jede wie immer geartete Sprengung mit wenigen Ausnahmen, worunter vielleicht nur jene Viabucte gehören, die aus mehreren Gallerien bestehen, innerhalb eines Zeitraumes von zwei bis drei Monaten durch Provisorien in der einen oder anderen Weise ersetzt werden kann, binnen welcher Zeit bei dem rascheren Verlauf, den die Kriege in der Neuzeit nehmen, aber auch die Wirkung jener Rücksichten aufgehört haben dürfte, welche die Sprengung bedingten, — eine weitergreifende Zerstörung des Objectes also nur den Bahneigenthümer und den allgemeinen Verkehr schwer treffen würde, ohne in den strategischen Rücksichten ihre Rechtfertigung zu finden, so wird man vermeiden, die stehenbleibenden Pfeilertheile bis in ihre Grundfesten zu erschüttern, wodurch die bloße Reparatur der beschädigten Pfeiler gänzlich verhindert, dagegen aber dem Bahneigenthümer ohne Zweck ein mit großen Auslagen verbundener Neubau vom Grunde aus aufgebürdet werden würde.

Die Wirkung der Explosion wird also wo möglich nur auf das Gewölbe und auf die oberen Pfeilerquaderschichten zu beschränken sein, und müssen demgemäß die Sprengvorrichtungen entweder in den Bögen selbst oder in den oberen Theilen der Pfeiler angebracht werden. In letzterem Falle dürfte es im Allgemeinen vortheilhafter sein, statt einer einzigen, wenn auch zur Sicherung der Wirkung überladenen Mine, mehrere, mit geringeren als den üblichen Compressionsladungen versehene Minenkammern, nach der Höhe der zu demolirenden Pfeiler schichtenweise anzubringen.

Da aber gesprengte Brücken höchst nachtheilig werden können, im Falle man wieder offensive vorgehen wollte, so versteht es sich von selbst, daß die Sprengung erst im letzten und entscheidendsten Momente vorgenommen werden darf, nachdem man die sichere Ueberzeugung gewonnen hat, daß sich keine Abtheilungen der eigenen Armee auf dem jenseitigen Ufer mehr befinden, welche ihren Rückzug noch über diese Brücke bewirken müßten. Um jedoch diesen letzten Moment mit Ruhe abwarten zu können, müssen die Demolirungsminen derart angelegt und vorbereitet sein, daß sie ihre Wirkung unter allen Umständen rechtzeitig und mit vollständigem Erfolge äußern können; ihre Anbringung soll daher nicht erst bei eintretendem Bedarfe erfolgen, sondern muß wo möglich schon beim Baue der Brücke vorgedacht werden.

Der ganze Sprengapparat soll möglichst einfach eingerichtet sein und darf weder die Communication auf der Brückenbahn beirren, noch den Bestand der Brücke, so lange sie befahren wird, gefährden; er soll keiner Reparaturen bedürfen und nicht nur die rasche und leichte Einbringung einer hinlänglich starken Ladung, sondern auch die gefahrlose, vollständige Entladung im Falle des Nichtgebrauches, ohne viele Umstände gestatten.

Sind Demolirungsminen nicht vorhanden, so kann die Sprengung der Brückenbahn auch in der Art versucht werden, daß man größere Quantitäten Pulver oder Schießwolle in Fässern oder Kisten unter die Wölbungen bringt und entzündet.

Die Fässer oder Kisten werden entweder auf Balken festgebunden, die man an starken Tauen quer unter den Gewölben aufhängt oder verspreizt, oder man fährt platte Fahrzeuge unter die Brückenbogen, stellt Mauerböcke hinein, über welche Balken gestreckt und auf diese die Gefäße gelegt werden, so daß sie bis etwa zwei oder drei Fuß unter dem Schlußstein des Gewölbes reichen.

Ist aber Zeit vorhanden, so können in den Bogen oder Pfeilern, je nachdem es die Umstände mit sich bringen, entweder bloß einfache Schachte zur Aufnahme der Sprengladung oder Bohrlöcher, in der Art wie bei artesischen Brunnen im harten Gestein, angebracht und mit förmlichen Minenkammern versehen werden, wozu sich häufig schon in Friedenszeiten, wie z. B. bei Brückenreparaturen, die geeignete Gelegenheit ergibt.

In Oesterreich wird die Anbringung von Minenkammern in den größeren strategisch wichtigen Brücken grundsätzlich schon bei Ertheilung der Bauconcession ausbedungen, und müssen diese Minen ganz in der Art hergestellt werden, wie es die hierüber vom Kriegsministerium erflossene Instruction vorschreibt*).

Hienach hat als Maßstab für die Anzahl der zu sprengenden Pfeiler oder Bogen die Regel zu gelten, daß eine vollständige Zerstörung des Bahnkörpers auf etwa 10—12° Länge in allen Fällen genügt.

Die Minenkammern bilden Röhren, die aus Kupferblech, verzinntem oder verzinktem Eisenblech erzeugt, mit einer Zuleitungs- oder Lade- und einer Auslaberöhre versehen und je nach Umständen im oder über dem Gewölbe der Bogen oder in den Pfeilern angebracht werden; in ersterem Falle erhalten sie eine horizontale, in letzterem aber eine verticale Lage, so daß die Ausmündung der Auslaberöhren 1' über den höchsten Wasserstand zu liegen kommen.

Des leichteren Transportes wegen, werden die Kammerröhren aus mehreren Stücken verfertigt, müssen aber in vollkommen gerader Richtung zusammengefügt und wasserdicht verbunden werden.

Sollen Pfeiler mit Demolirungsminen versehen werden, so wählt man hiezu in der Regel nicht die Land-, sondern vorzugsweise freistehende Pfeiler; kann aber die Mine nicht in der für den sicheren Erfolg erforderlichen Tiefe gelegt werden, so müssen nebst den Pfeilern auch noch die anstoßenden Bogen mit Minen versehen werden.

Bei Viabucten sind die übereinander stehenden Pfeiler aller Gallerien mit Kammern zu versehen; bestünde aber kein Durchgang in den unteren Bogenreihen, so genügt es, die Kammern nur in der obersten anzulegen.

Der Punkt, wo sich Minen befinden, muß mit einer am Geländer oder sonst augenfällig angebrachten Kupfertafel bezeichnet werden.

Die Instruction enthält ferners genaue Bestimmungen über die Art und Weise, wie die der gewünschten Wirkung entsprechende Lage, Labung und sonstige Beschaffenheit der Minen zu sein hat, und schreibt weiters

---

*) Armee-Ober-Commando-Erlaß vom 23. April 1857, Abth. 11, Nr. 184.

vor, daß die Ausmündungen sämmtlicher Minen wenigstens alle drei Jahre untersucht werden müssen*).

b) Holzbrücken.

Man sucht zwar die Holzconstruction in der Anwendung für Eisenbahnbrücken zu beseitigen; es gibt aber noch viele derlei Brücken und dürften selbe auch in der Folge noch in holzreichen Gegenden häufig Anwendung finden.

Unter den mancherlei Gattungen hölzerner Brücken, die sich jedoch im Allgemeinen auf Balken-, Häng- und Sprengwerk-Brücken zurückführen lassen, sind die nach ihrem ersten Erbauer sogenannten How'schen Brücken, Fig. 11, Beilage 7, und die Bogenhängwerk-Brücken, Fig. 1, Beilage 8, die bemerkenswerthesten; beide Arten kommen als Uebergänge über größere Gewässer, namentlich in Süddeutschland, letztere aber auch in Oesterreich (die Kaiser Ferdinands-Nordbahn-Brücke bei Wien, die Brücke bei Passau) häufig vor.

Bei allen Brücken mit hölzerner Fahrbahn sollen die Querverbindungen, welche übrigens leicht zu ersetzen sind, abgelöst, die Tragbalken selbst aber bis zum Niveau der Bahnfläche ausgehoben, auf Plattformwagen geladen und in einen gesicherten Bahnhof zurückgebracht werden. Dieses Abtragen der Brückenfelder kann, da die nöthigen Arbeitskräfte sowie die erforderlichen Werkzeuge und Hebmaschinen auf den Bahnstationen vorhanden sind, in verhältnißmäßig sehr kurzer Zeit bewirkt werden. Wäre es nicht möglich, die Bestandtheile der Fahrbahn ordnungsmäßig zurückzuschaffen, so können dieselben ins Wasser geworfen, nach Art der Flöße zusammengebunden und an das dießseitige Ufer gezogen werden, was aber natürlich nur als Nothbehelf gelten darf.

Das Durchsägen einzelner Querverbindungen, Tragbalken, Bögen oder Streben, beßgleichen die Abnahme oder Lockerung der die einzelnen Brückenbestandtheile verbindenden Schrauben kann ebenfalls nur als ein durch die Noth unter besonders dringenden Verhältnissen gerechtfertigtes Auskunfts-

---

*) In den Mittheilungen des k. k. Genie-Comité, Jahrgang 1858, 3. Band, befindet sich ein Aufsatz über Anlage von Demolirungsminen in Brücken und Viabucten, und Sprengung dieser Objecte, welcher die Bestimmungen obbezogener Instruction in sehr ausführlicher und gründlicher Weise erläutert.

mittel betrachtet werden, um die Tragfähigkeit einer Brücke für Locomotivzüge zu schwächen, wobei aber keinesfalls auf die gänzliche Unmöglichkeit der Brückenbenützung für den Bahnbetrieb mit voller Sicherheit gerechnet werden darf*).

Sind die Brückenspannungen so groß, daß die Herstellung der abgetragenen Fahrbahn jedenfalls viel Zeit und Mühe in Anspruch nehmen und sich nicht durch ein schnell ausführbares Provisorium ersetzen lassen würde, welch' letzteres schon bei einem Pfeilerabstande über 6 Klafter in der Regel nicht mehr möglich sein wird, so können die Pfeiler oder Joche in ihrem Bestande belassen werden.

Gebieten aber die Umstände eine nachhaltigere Unbrauchbarmachung, so müßte, je nach der Spannweite, an einen oder an mehreren der Brückenträger Hand angelegt werden.

Steinerne Pfeiler wären alsdann in der Weise wie bei anderen Brückengattungen zu sprengen, hölzerne Joche aber anzusägen, anzuzünden oder ebenfalls zu sprengen, wozu Pulver oder Schießwolle in Bohrlöcher der Jochpfähle zu laden oder in Fässern oder Kisten an denselben anzubringen sein würde.

c) Eisenconstructionen.

Die meisten Eisenbahnbrücken der Neuzeit haben einen Oberbau aus Eisen, welcher in der Regel auf steinernen Pfeilern ruht; seltener und gewöhnlich nur bei hohen derlei Brücken finden sich gußeiserne Pfeiler.

Der Hauptsache nach unterscheidet man:
1. Balkenbrücken } aus Gußeisen oder Schmiedeisen.
2. Bogenbrücken }
3. Gitterbrücken aus Schmiedeisen.
4. Brücken mit massiven oder hohlen, geraden Tragbalken aus Eisenblech oder mit röhrenförmigen Brückenbogen desselben Materials (Blechbrücken).

---

*) Es ist der Fall vorgekommen, daß eine Howe'sche Brückenconstruction, nachdem durch Entgleisen der Locomotive eine Reihe Streben der einen Wand zertrümmert worden war, alle mit Zurückschaffung der Maschine verbundenen Erschütterungen und Arbeiten ohne weiteres Nachgeben der arg beschädigten Wand ertrug.

5. Tunnel- ober Röhrenbrücken, welche aus einer Art schmiedeiserner, auf steinernen Pfeilern ruhender Tunnels bestehen.

6. Kettenbrücken.

Tunnelbrücken gibt es jedoch erst zwei in England; sie können daher füglich aus dem Bereiche dieser Betrachtungen ausgeschieden bleiben.

Ebenso selten — wenigstens in Europa — sind Kettenbrücken beim Eisenbahnbau angewendet, weil sie in Folge der nicht zu vermeidenden Schwankungen, der stark rüttelnden Bewegung eines Bahnzuges nur geringen Widerstand entgegenzusetzen vermögen.

Ueber die Art und Weise ihrer Unbrauchbarmachung finden sich in Nachfolgendem genügende Anhaltspunkte.

Die vorbemerkten tunnelartigen Röhrenbrücken dürfen aber mit einer anderen Gattung sogenannter Röhrenbrücken, welche unter die Bogenbrücken, aus Gußeisen gehören und auf dem europäischen Continente häufig anzutreffen sind, nicht verwechselt werden. Fig. 2, Beilage 8, zeigt eine solche Brücke, bei welcher gußeiserne Röhren als Tragbögen dienen.

Zur weiteren Versinnlichung eiserner Brückenconstructionen ist in Beilage 8, Fig. 3, eine Bogen-Blechbrücke, in Fig. 4 ein Theil einer Gitterbrücke und in Fig. 5 und 6 eine Blechbrücke mit Tragwänden dargestellt.

Auf die Frage übergehend, wie Brücken aus Eisenconstruction unbrauchbar zu machen sind, muß vor Allem bemerkt werden, daß die Verhältnisse im Kriege es kaum gestatten werden, ganze Constructionen zurückzuziehen, wozu unter Benützung mannigfacher mechanischer und physischer Kräfte ungefähr dieselben Vorbereitungen getroffen werden müßten wie für das Ueberschieben der Eisenconstruction von Pfeiler zu Pfeiler beim Neubau.

Dagegen können die Querverankerungen, dann die Querträger, welche den Druck der Last auf die Längenträger übertragen und den Brückenoberbau unterstützen, verhältnißmäßig leicht beseitigt werden. In den meisten Fällen dürfte es hinreichen, auf je zwei Querträger, welche bei großen Brücken gewöhnlich 6, 7, auch 8 und 9 Fuß von einander abstehen, einen Querträger zu entfernen, bei den rückbleibenden aber einige Nieten durchzuhauen.

Auf diese Weise wird die Brücke nicht nur für den Locomotivbetrieb, sondern auch für größere Lasten überhaupt lange Zeit unbrauchbar gemacht, weil statt der fehlenden erst neue Verbindungstheile zur Stelle geschafft werden müssen, eine anders geartete Wiederherstellung der Brücke aber nur schwer und mit großem Zeitaufwande möglich wäre.

Selbst Derjenige, der sich im Besitze der abgenommenen Eisentheile befindet, wird Tage dazu benöthigen, um die Brücke wieder fahrbar herzustellen, — Wochen aber der Gegner, der diese Bestandtheile erst neu fertigen und mühsam einpassen muß.

Sind die Brückenöffnungen nicht zu groß und mithin das Gewicht der Längenträger nicht zu bedeutend, so kann man bei vorhandener Zeit einen der Längenträger auf die Bahn bringen und denselben, sei es ganz oder in seine Theile zerlegt, durch Locomotive an einen sichern Ort zurückschaffen lassen.

In derselben Weise müßten übrigens auch alle anderen abgelösten Brückenbestandtheile der feindlichen Benützung entzogen werden.

Drängt jedoch die Zeit, so wird das Durchhauen der Nieten an mehreren Stellen allein schon genügen, um die Träger für jede größere Belastung unfähig zu machen; eine bloße Lockerung der Schrauben und Nietbolzen aber würde die durch die genaueste Arbeit erzielte und nach Aufstellung und Benützung der Constructionen als Brücken auf den höchsten Grad gediehene Verspannung der Constructionstheile nicht hinreichend zu schwächen im Stande sein.

Würde der Erfolg, der sich mit einer oder der anderen der vorstehenden Maßregeln erreichen läßt, nicht genügend erscheinen, so müßte zum Sprengen der Pfeiler geschritten werden.

In der Regel wird man einen der Landpfeiler hiezu bestimmen, nebst welchem aber, wenn eine gründliche, für verhältnißmäßig lange Zeit andauernde Unbrauchbarmachung der Brücke beabsichtigt würde, auch noch der anstoßende Strompfeiler oder selbst mehrere derselben gesprengt werden müßten.

Wird die Sprengung bloß auf einen Land- oder Strompfeiler beschränkt, so kann es leicht geschehen, daß die Brückenbahn, in Balance verbleibend, wenigstens von leichten Truppen überschritten und durch provisorische Stützen auch bald wieder fahrbar gemacht werden könnte.

Bei der Sprengung von Pfeilern eiserner Brücken, in der Absicht einer bloßen Unbrauchbarmachung, ist überhaupt als Grundsatz zu beachten, daß alle, die Längenträger untereinander verbindenden Querverankerungen zwischen den zu zerstörenden und zu belassenden Pfeilern vor dem Entzünden der Minen auszulösen und wo möglich auch die Nieten der Längenträger über dem ersten der stehenbleibenden Pfeiler zu durchhauen sind, um den zu zerstörenden Brückentheil von den übrigen zu trennen.

Würde diese Vorsicht außer Acht gelassen, so könnten leicht sämmtliche Brückenträger durch die Explosion in ihrer Festigkeit so sehr gelockert werden, daß man dieselben ganz zerlegen und ebenso wie beim ursprünglichen Baue neu zusammenfügen müßte, im Falle man die Brücke wieder zur Benützung herrichten wollte.

Ueber die Anlage von Demolirungsminen bei Neubauten von Brücken mit Eisenconstruction besteht eine besondere Vorschrift*).

Dieser gemäß sind Minenkammern stets möglichst vertical, sonst aber nach Zahl und Lage wie bei steinernen Brücken in wenigstens Einem Strompfeiler anzubringen.

Die Tiefe der Kammern wird nach der Pfeilerdicke, sowie nach der sonstigen Beschaffenheit der Pfeiler entsprechend bemessen.

In Folge dessen kann es geschehen, daß die zur Ladung der Kammern dienenden, aus verzinntem oder verzinktem Eisenblech erzeugten Büchsen nicht über den Horizont des Hochwassers, sondern auch unter dem Wasserspiegel zu liegen kommen, weßhalb sie wasserdicht verlöthet sein müssen.

Am oberen Ende sind diese Büchsen mit einem henkelartig geformten Eisenringe versehen, um sie an einem Stricke in die Kammer herablassen zu können, und haben ferner eine, mittelst eines Korkstöpsels verschließbare Oeffnung zum Einführen der Ladung. Ober dem Stöpsel ist zur besseren Verwahrung eine Blechkapsel angebracht.

Die Büchsen sind in der Nähe der mit Kammern versehenen Objecte aufzubewahren und in brauchbarem Zustande zu erhalten**).

---

*) Erlaß des Armee-Ober-Commando's vom 20. März 1858, Abth. 5, Nr. 209.

**) Ueber die Ladeweise und Zündung solcher Demolirungsminen finden sich in den Mittheilungen des k. k. Genie-Comité, Jahrgang 1858, 3. Band, genaue Erklärungen.

d) **Bewegliche Brücken.**

Bei Eisenbahnen bestehen hie und da Zug- oder Drehbrücken; sie kommen an Stellen vor, wo die Schifffahrt es verlangt oder wo Verhältnisse es nothwendig machen, daß man den Verkehr über die Brücke schnell und vorübergehend unterbrechen könne.

Der Mechanismus dieser beiden Brückenarten gestattet sehr leicht die Unbrauchbarmachung, welche oft schon mit der bloßen Beschädigung der als Bewegungsmittel dienenden Vorrichtung (Kurbel ꝛc.) zu erzielen ist; letzterer muß übrigens das Oeffnen der Verbindungsbrücke, sowie die Entfernung der zum Schließen erforderlichen Requisiten vorangehen.

Da sich indeß Drehbrücken, Fig. 7, Beilage 8, durch einfache Hebelkraft wieder in entsprechende Lage versetzen lassen, so müßte auch der Unterlagspfeiler gesprengt und die Demolirung auf die zur Schonung des Drehbolzens bei geöffneter Lage gewöhnlich angebrachten Auflager für die Drehbrücken-Enden ausgedehnt werden.

Die Unbrauchbarmachung soll sich übrigens nur in besonderen Fällen auf bewegliche Brücken oder zu denselben gehörige Brückentheile erstrecken; gewöhnlich wird man sich damit begnügen, die beweglichen Felder aufzuziehen oder bei Seite zu drehen, während gleichzeitig Theile der stabilen Brückenbahn unfahrbar gemacht werden.

e) **Trajectanstalten.**

Hierunter versteht man Flußüberfuhren für Eisenbahnwagen mittelst gewöhnlicher oder Dampfschiffe, wobei geneigte Ebenen (hölzerne Brücken) oder Hebapparate, die entweder auf einfache mechanische Weise oder durch Dampf in Thätigkeit gesetzt werden, als Mittel dienen, um die Wagen auf die Schiffe zu bringen.

Soferne bei derlei Ueberfuhren Dampfkraft Anwendung findet, heißen sie Dampf-Trajectanstalten.

Um Trajectanstalten der feindlichen Benützung zu entziehen, werden die Schiffe auf dem diesseitigen Ufer geborgen oder an sonst gesicherte Orte hinweggeführt.

Nöthigenfalls kann man auch die Hebapparate durch Entfernung einiger Bestandtheile des Bewegungsmechanismus untauglich machen oder die — übrigens leicht ersetzbaren — geneigten Ebenen beseitigen.

Zur Unbrauchbarmachung der Schiffe selbst soll nur im äußersten Falle geschritten werden.

Sicherung der Arbeiten, einleitende Maßregeln, Arbeitskräfte, Leitung und Anordnung der Unbrauchbarmachung einer Bahn.

In der Nähe des Feindes müssen alle dahin einschlägigen Arbeiten stets unter gehöriger Bedeckung ausgeführt werden.

Flüchtige Bahnabsperrungen, wie z. B. Aufreißen einzelner Schienenpaare, Hohllegung der Schienen durch Untergraben auf einige Klafter Länge, Anlage von Verhauen oder Barricaden, die nur in der Absicht Anwendung finden könnten um einen von feindlicher Seite kommenden Bahnzug oder eine Recognoscirungs-Locomotive aufzuhalten, müssen wo möglich stets im eigenen Feuerbereiche liegen, indem der Feind das gelegte Hinderniß sonst sehr bald beseitigen würde.

Je umfassender die Vorbereitungen sind, welche für die Unbrauchbarmachung einer Bahn getroffen wurden, desto rascher und angemessener wird die Ausführung vor sich gehen, und um so länger wird man damit zuwarten können.

Abgesehen von der Nothwendigkeit, daß die Bahn oder Bahnstrecke, welche der feindlichen Benützung entzogen werden soll, wegen der Zurückschaffung des Fahrparkes und anderer Bahnbestandtheile mit den rückwärts sich anreihenden Bahnen oder Bahnstrecken in unmittelbarer Schienenverbindung stehen oder gesetzt werden müsse, lassen sich die sonst noch zu ergreifenden Vorbereitungsmaßregeln, wie folgt zusammenfassen, welche bezüglich der Bahnen des Inlandes gleich anderen Voreinleitungen für den großen Krieg, soweit als es angeht, schon im Frieden getroffen werden sollten.

1. Recognoscirung der betreffenden Bahnstrecke; Ermittlung und Herrichtung jener Objecte, welche beim Eintreten gewisser Ereignisse der Unbrauchbarmachung zu unterziehen wären.

2. Militärische Besetzung der Hauptbahnhöfe, insbesondere der nächst der Grenze gelegenen, sowie militärische Besitzergreifung sämmtlicher Bahn-

objecte und Betriebsmittel überhaupt, und Unterordnung des Bahnpersonales unter militärische Autorität.

3. Ueberwachung der Bahn, um sicher zu sein, daß nicht durch bösen Willen oder Fahrlässigkeit eine vorzeitige Beschädigung eintreten könne, wodurch der Betrieb gestört und die Zurückschaffung des Betriebsmaterials und der sonstigen Bahngegenstände gehemmt werden würde.

4. Rechtzeitige Einstellung des Verkehrs, um die zu einer ausgiebigen Unbrauchbarmachung erforderliche Zeit nicht zu versäumen.

Das Abwarten des letzten Augenblickes kann leicht Uebereilung, Unordnung, Verschleuderung schwer ersetzlicher Bestandtheile, überhaupt planlose Zerstörung zur Folge haben.

5. Herbeischaffung der erforderlichen Werkzeuge, als: Hacken, Spaten, Hebebäume, Brechstangen, Wagenwinden, Aexte, Sägen, Hämmer, Zangen, Schraubenschlüssel, Stahlmeißel ꝛc., je nach den zu bewirkenden Arbeiten und der verwendbaren Arbeiterzahl.

Werkzeugsausrüstungen sind bei den Bahnwächtern, auf den Bahnhöfen und in den Betriebswerkstätten vorhanden und müßten rechtzeitig gesammelt und in den militärisch besetzten Bahnhöfen der betreffenden Strecke aufgestapelt werden.

Für allenfalls vorzunehmende Sprengungen wären auch die entsprechende Menge Pulver oder Schießwolle, Zündvorrichtungen u. dgl. bereit zu halten.

6. Rückbehaltung einer für die Fortschaffung der zu bergenden Bahngegenstände ausreichenden Anzahl von Fahrmitteln, woferne — wie es grundsätzlich geschehen soll — die Zurückziehung des Fahrparkes der Unbrauchbarmachung der Bahnhofsanlagen vorangeht.

Zu den Hauptbedingungen, um die Unbrauchbarmachung in möglichst vollkommener und zweckentsprechender Weise zu erreichen, gehört die Verwendung ausreichender und geübter Arbeitskräfte unter sachverständiger Leitung.

Eisenbahnbau- und Betriebs-Ingenieure, Bahnaufseher, Oberbauleger und Bahnarbeiter, dann Maschinenschlosser aus den großen Reparaturswerkstätten werden die geeignetsten Individuen zur unmittelbaren Leitung der Abbruchsarbeiten sein. Sie werden am besten darüber wachen, daß ungerechtfertigte Beschädigungen vermieden, daß nur die zur Unbrauchbarmachung nothwendigen Bestandtheile beseitigt und insbesondere, daß die Theile des abgebrochenen Materials nicht in wilder Unordnung durcheinander geworfen und abgelagert werden, was deren Wiederverwendung sehr erschweren würde.

Die eigentlichen Arbeitskräfte sollen wo möglich Genie- oder Pionnier- (auch Infanterie-Pionnier-) Abtheilungen bilden, die von ihren Officieren und Unterofficieren in der Ausführung überwacht werden.

Auch Infanterie-Mannschaften und Landleute können unter gehöriger Anleitung und Beaufsichtigung ersprießliche Dienste leisten und sind in allen Fällen unentbehrlich, wo die rasche Förderung der Arbeit eine größere Anzahl von Händen erheischt.

Die Oberleitung über alle auf die Unbrauchbarmachung einer Bahnstrecke bezüglichen Arbeiten soll in der Regel ein mit dem Eisenbahnwesen vertrauter sachverständiger Officier des General-Quartiermeisterstabes, der Geniewaffe oder des Pionnier-Corps führen.

Dieser muß nicht allein auf die gehörige Anordnung und Durchführung der Arbeiten überhaupt, sondern auch auf deren möglichst rasche Beendigung und bezüglich der Reihenfolge darauf sehen, daß die Arbeiten nach dem Grade ihrer Wichtigkeit derart zum Abschlusse gelangen, damit die Fahrbarkeit der Bahn nur nach Maßgabe, als es die Rücksichten für die Zurückziehung des zu sichernden Materials gestatten, unterbrochen werde.

Die mißliebige Aufnahme, welche derlei Maßregeln der Natur der Sache nach oftmals von den Bahnverwaltungen und ihren Organen finden werden, verlangt, daß der mit der Oberleitung beauftragte Officier kluge Vorsicht bei Beurtheilung und Anwendung der ihm von dieser Seite kommenden Rathschläge walten lasse, und sich zugleich die Erfahrung und Localkenntniß des Bahnpersonales dienstbar erhalte.

Von wem die Anordnung zur Unbrauchbarmachung einer Eisenbahn auszugehen habe, hängt zu sehr von Umständen ab, um gewisse Behörden als ausschließlich dazu berufen, bezeichnen zu können.

Grundsätzlich sollte jedoch das Recht hiezu, außer dem Commandanten der operirenden Armee, nur noch dem commandirenden Generalen eines Landstriches, dem Commandanten einer bedrohten oder belagerten Festung und höchstens noch den Commandanten selbstständig operirender Heerestheile zustehen; denn die Folgen, welche eine zu unrechter Zeit zerstörte Bahn auf den Verlauf der kriegerischen Operationen auszuüben vermag, sind zu wichtig, um den Befehl zur Ausführung nicht Denjenigen vorzubehalten, welche von ihrem hohen Standpunkte aus den Gang der Ereignisse vollständig zu überblicken in der Lage sind.

Nichtsdestoweniger aber wird es bei besonders dringlichen Veranlassungen kein Truppen- oder Stationscommandant versäumen dürfen, dem Feinde nach reiflicher Erwägung der Verhältnisse die Mittel zur Benützung einer Bahn auf eigene Verantwortung in der geeignetsten Weise zu entziehen, oder doch das bewegliche Bahnmaterial, insbesondere Locomotive und Wagen rechtzeitig in Sicherheit zu bringen.

Zerstören von Eisenbahnen.

Sobald es die Umstände unabweislich verlangen, eine in Feindesland gelegene, für den eigenen Gebrauch keinesfalls mehr benöthigte Eisenbahn der Zerstörung preiszugeben, so tritt natürlich die Rücksicht auf Schonung in den Hintergrund; dagegen aber wären alle geeigneten Mittel in Anwendung zu bringen, welche dazu beitragen könnten, den vorhabenden ernsten Zweck möglichst vollkommen und in kürzester Frist zu erreichen.

Demgemäß wird vor Allem die Zerstörung solcher Bahnobjecte wie: Tunnels, Brücken, Viaducte, Stützmauern, Gallerien in Betracht zu ziehen sein, weil, deren Wiederherstellung mit den meisten Schwierigkeiten verbunden ist.

Hieran reihen sich Dämme, Einschnitte und sonstige Bestandtheile des Unterbaues, endlich der Oberbau und die Betriebsvorrichtungen auf der Bahn und in den Bahnhöfen.

Der elektro-magnetische Telegraph ist stets bis zuletzt in Thätigkeit zu belassen.

Das Fahrmateriale soll grundsätzlich nie der Zerstörung anheimfallen, sondern — wo es die Verhältnisse nur immer erlauben — zurückgezogen werden, um es auf anderen Linien für eigene Zwecke zu verwerthen.

Dasselbe gilt auch von allen anderen beweglichen Bahngegenständen überhaupt, in soferne deren Rückschaffung ausführbar ist.

Die Verhältnisse, namentlich Zeit und Arbeitskräfte werden bestimmen, ob die Zerstörung eine allgemeine oder nur theilweise zu sein hat, in welch' letzterem Falle hauptsächlich jene Stellen ins Auge gefaßt werden müßten, deren Anlage schwierig und künstlich war, wie bei starken Krümmungen oder Steigungen, oder wo die Bahn, ein schwer passirbares Defilé durchziehend, die einzige, daher besonders wichtige Communication zwischen sonst unwegsamen Terrainabschnitten bildet.

Bei der Anordnung und Ausführung der Arbeiten sind Kräfte und Mittel nicht unnöthig zu zersplittern, mit dem Wesentlichsten zunächst zu beginnen, die Fahrbarkeit der rückwärtigeren Bahnstrecken möglichst lange für eventuelle Fortschaffung des beweglichen Bahnmaterials zu erhalten, und ist nichts zu beginnen, was nicht sicher durchführbar erscheint.

Niemand Anderer als der Armee-Commandant wird berechtigt sein, die Zerstörung einer Eisenbahn anzubefehlen; denn über die Entbehrlichkeit eines so wichtigen Communicationsmittels für die ganze übrige Dauer des Feldzuges vermag nur die Heerführung allein ein sicheres und entschiedenes Urtheil abzugeben.

Um die Ausführung einer so folgenschweren Maßregel bis auf den äußersten Zeitpunkt aufsparen zu können, bedarf es jedenfalls der ausgedehntesten Vorbereitungen, worunter insbesondere die möglichst genaue Recognoscirung der Bahn und gleichzeitige Ermittlung der wichtigsten Objecte, die Anlage von Demolirungsminen, Beischaffung genügender Mengen von Pulver oder Schießwolle zum Sprengen, sowie des Materials zum Anzünden von Holzgegenständen, Bereithaltung der erforderlichen Werkzeuge und einer hinlänglichen Arbeiterzahl gehören.

Obgleich eine Theilnahme des Bahnpersonales an dem Zerstörungswerke wohl nur ausnahmsweise ohne Anwendung von Zwangsmaßregeln zu erzielen, daher in der Regel nicht von dem entsprechenden Erfolge begleitet sein dürfte, so muß dessen Mitwirkung doch aus dem Grunde angestrebt werden, um die Arbeitskräfte durch sachkundige Arbeiter zu vermehren. Es ist deshalb räthlich das Bahnpersonale, um Fluchtversuchen vorzubeugen, militärisch überwachen zu lassen, was besonders die Locomotivführer betrifft, ohne welche ein Zurückschaffen der Fahrbetriebsmittel möglicherweise auf unbesiegbare Hindernisse stoßen könnte.

Alles, was bezüglich der Leitung der Arbeiten durch sachverständige energische Officiere, dann über rechtzeitige militärische Besetzung der Bahnhöfe, Besitzergreifung der beweglichen Bahngegenstände und über Sicherung der Arbeiten durch angemessene Bedeckung bei der Unbrauchbarmachung von

Eisenbahnen gesagt wurde, müßte umsomehr dann im vollsten Maße beobachtet werden, wenn es sich um die Zerstörung einer Bahn handeln würde.

Auf welche Art bei der Zerstörung der einzelnen Bahnbestandtheile vorzugehen wäre, läßt Nachstehendes entnehmen:

A. Tunnels.

Tunnels lassen sich nicht leicht anders als durch Sprengung zerstören wozu umfassende Minenanlagen in den Widerlagern und Gewölben erforderlich werden.

Die Bodenart, in welcher der Bau ausgeführt ist, erheischt hier die sorgfältigste Erwägung. Liegt der Tunnel in festem, massigem Gestein, so wird seine vollständige Zerstörung nur sehr schwer gelingen. Mehr Wahrscheinlichkeit hiefür gewährt geschichtetes Gestein, wo es gewöhnlich nur des Einwerfens eines Widerlagers auf 60 bis 80 Fuß durch gleichzeitig gezündete Minen bedürfen wird. Liegt der Tunnel in lockeren Erdschichten, die nicht nach einer bestimmten Richtung schieben, so werden, um das Gewölbe zum Einsturz zu bringen, die Widerlager auf beiden Seiten weggesprengt werden müssen.

Die Sprengungen sollen nie auf vereinzelten Punkten, sondern stets auf längeren zusammenhängenden Strecken vorgenommen werden, sonst wird wohl hin und wieder ein Loch in den Widerlagern oder im Gewölbe erzeugt, letzteres selbst aber nicht zum Einsturz gebracht.

Häufig liegen die Eingänge der Tunnels in tiefen Einschnitten der Bahn, deren Seitenböschungen mit Mauerwerk verkleidet sind. Das Einwerfen dieser Verkleidung — nöthigenfalls mittelst Minensprengung — würde die Eingänge des Tunnels versperren und nebstbei einen höheren Grad der Bahnzerstörung herbeiführen.

B. Brücken, Viaducte, Gallerien, Durchlässe, Stützmauern.

Wie steinerne Brücken, Brücken mit hölzerner oder eiserner Fahrbahn auf steinernen Pfeilern, sowie auch Viaducte und Gallerien gesprengt werden müßten, und daß sich diese Sprengung hauptsächlich auf die größeren und wichtigeren dieser Objecte zu beziehen hätte, wurde bereits früher bei der Unbrauchbarmachung ausführlich besprochen.

Je mehr Objecte man der Sprengung unterzieht und je weiter sie in jedem einzelnen derselben getrieben wird, desto mächtiger wird die Wirkung der Zerstörung sein.

Bei großen Spannweiten ist es räthlich, auch den eisernen Oberbau einer Brücke mittelst Minen zu sprengen, wozu unter der Brückenbahn nach ihrer Breitenrichtung und je nach Anzahl und Größe der Spannweiten mehrere blecherne Kästen angebracht werden müßten, durch deren obere offen gelassene Seite die Pulverkammer sammt Erdverdämmung von der Bahn aus eingelegt wird.

Die Anwendung von Pulversäcken u. dgl., die statt der eben beschriebenen Minen unter die Brückenbahn gehängt werden, würde wahrscheinlich gar keine oder höchstens nur eine ganz unerhebliche Wirkung hervorbringen.

Bei Holzbrücken, sie mögen auf steinernen Pfeilern ruhen oder hölzerne Joche zu Trägern haben, kann die Zerstörung nur herbeigeführt werden, indem man sie nach Umständen entweder anzündet oder sprengt.

Im ersteren Falle wird die Brücke mit leicht brennbaren Stoffen, als: Stroh, dürres Reisig, Holzspänen u. dgl. belegt und zur Sicherung des Erfolges eine Mischung von Theer und Pulver, das letztere dem ersteren nicht zu sparsam beigemengt, darüber gegossen.

Wenn Zeit und Umstände es erlauben, so werden überdieß grobe Tücher oder Säcke in die eben bezeichnete Mengung eingetaucht und das Holzwerk der Brücke damit umwickelt oder man behängt es mit Pechkränzen.

Durch Ansägen der Jochpfähle, Anbohren derselben und Entzünden von Pulver oder Schießwolle in diesen Bohrlöchern würde die Vernichtung beschleunigt.

Zur Sprengung hölzerner Brückenbahnen wird das Pulver entweder auf der Brückendecke mit Holz, Erde, Steinen oder anderweitigem Materiale möglichst sorgfältig verdämmt, oder wie bei Steinbrücken, in Fässern oder Kisten unmittelbar unter der Brückenbahn angebracht.

Soll Schießwolle als Sprengmaterial verwendet werden, so sind starke hölzerne, mit Eisenbändern beschlagene Kästen von 20 bis 25 Pfund Fassungsgehalt damit zu füllen, welche oberhalb der Tragbalken quer über die Brückenbahn auf diese frei aufgelegt werden.

Die Zündung mehrerer Schießwollkästen müßte gleichzeitig, also wo möglich elektrisch geschehen. Ein einziger frei aufgelegter Schießwollkasten genügt in der Regel, um die stärksten Balken zu zerschmettern.

Wie hölzerne Pfeiler oder Joche gesprengt werden, ist Seite 122 zu entnehmen.

Kleinere Brücken und Durchlässe können je nach dem Materiale, aus welchem sie erbaut sind, in der Regel ebenfalls nur durch Sprengung oder Verbrennen zerstört werden.

Stützmauern werden niedergerissen oder nach Umständen gleichfalls gesprengt.

C. Dämme und Einschnitte.

Dämme müßten auf möglichst große Strecken unterbrochen, Einschnitte aber, sei es durch Erde oder abgelöstes Gestein der Seitenwände, an verschiedenen Stellen verschüttet werden.

Daß man für ersteres die höchsten, für letzteres aber die tiefsten Stellen fürzuwählen habe, wurde schon früher gesagt.

Außer den gewöhnlichen Mitteln, die hiebei Anwendung finden könnten, ließen sich Dämme auch durch größere Minen, deren Explosion aber nicht bloße Trichter zu erzeugen, sondern das Erdreich in ihrer ganzen Wirkungssphäre aufzulockern im Stande sein müßte, zerstören.

In vielen Fällen werden die bei Eisenbahn-Dämmen häufig vorkommenden Wasser- und Wegdurchlässe die geeignetste Gelegenheit bieten, um mittelst ihrer Sprengung eine weitgreifende Zerstörung der Dammkrone zu bewirken.

Wo sich Einschnitte mit gemauerten Böschungen vorfinden, könnte das Einwerfen der letzteren durch kleine Minen dazu dienen, um die Bahn mit Mauertrümmern und nachrollender Erde zu überschütten.

Besondere Beachtung verdienen jene Stellen, wo die längs einer Berglehne hinziehende Bahn an der bergabwärts liegenden Seite durch eine Mauerverkleidung getragen wird. Die Zerstörung dieser Verkleidung mittelst Minen auf 60 bis 80 Fuß Abstand kann den ganzen Bahnkörper zum Abschieben bringen.

D. **Oberbau.**

Laſſen die Verhältniſſe es nicht anders zu, ſo müßten die Schwellen verbrannt, Eiſentheile aber in Brunnen geworfen, zerſtreut, in Gewäſſer verſenkt oder partienweiſe an verborgenen Orten vergraben werden.

E. **Bahnhofs-Anlagen.**

In Waſſerſtationen wären nöthigenfalls die Brunnen zu verſchütten und die Waſſerreſervoirs zu zertrümmern.

Letzteres hätte auch mit den Maſchinen in den Werkſtätten zu geſchehen.

Magazine, in welchen ſich nicht leicht transportable, dem Feinde nützliche Vorräthe befinden, könnten im äußerſten Falle angezündet werden.

F. **Fahrbetriebsmittel.**

Wagen müßten ebenfalls verbrannt oder zum mindeſten einzelne Beſtandtheile der Tragrahmen zertrümmert werden, um ſie mehr als bloß vorübergehend unbrauchbar zu machen.

Bei Locomotiven wären die Keſſel zu zertrümmern oder zu durchlöchern und die Schornſteine abzunehmen; nach Umſtänden könnte die Zerſtörung auch durch Entzünden von Pulver oder Schießwolle im Keſſelraume bewirkt werden.

———

Von den übrigen bisher nicht benannten Bahngegenſtänden ſind es vorzugsweiſe die Brennſtoffvorräthe, die Ausweich- und Wechſelvorrichtungen, die Signalmittel und der elektro-magnetiſche Telegraph, auf welche ſich die Zerſtörung zu erſtrecken hätte.

Zerſtören von Eiſenbahnen in der Abſicht, ihre Benützung als Verbindungslinien für Fußmärſche und als Terraingegenſtände für taktiſche Zwecke überhaupt, zu verhindern.

Eiſenbahnen können mitunter auch als gewöhnliche Wegverbindungen für kriegeriſche Zwecke gute Dienſte leiſten; ebenſo werden einzelne ihrer Objecte vermöge ihrer Lage im Bereiche von Stellungen, Flußvertheidigungslinien u. ſ. w. bisweilen große taktiſche Wichtigkeit erlangen.

Sie erfordern daher auch in diesen beiden Beziehungen insbesondere dann Beachtung, wenn die Lage der Eisenbahn oder eines Objectes dem Feinde das Ueberschreiten größerer Terrainhindernisse begünstigt, welche der Vertheidigung gut zu statten gekommen wären.

In derlei Fällen muß getrachtet werden, solche Bahnstrecken oder Objecte der Vortheile, die sie dem Angreifer gewähren, und der Nachtheile, welche sie der Vertheidigung bringen, schnell und in der gründlichsten Weise zu entkleiden.

Der zu diesem Behufe einzuschlagende Vorgang wird zwischen der vorübergehenden Unbrauchbarmachung für den Bahnbetrieb und einer völligen Bahnzerstörung die Mitte halten, weil die in ersterer Beziehung zu treffenden Vorkehrungen allein nicht immer genügen würden, um den Feind in seinem Vordringen aufzuhalten, die vollkommene Zerstörung aber vielleicht noch nicht in der Absicht liegt.

Wenngleich auch hierbei, dem allgemeinen Grundsatze gemäß, mit thunlichster Schonung zu Werke zu gehen ist, so dürften doch, wenn nöthig, selbst die kräftigsten Mittel, mit Hintansetzung jeder weiteren Rücksicht, nicht verabsäumt werden, um dem Zwecke möglichst vollkommen zu entsprechen.

Unter den verschiedenen Objecten aus welchen Eisenbahnen bestehen, sind die Brücken die militärisch wichtigsten; sie ermöglichen das Ueberschreiten von Terrainhindernissen, deren Uebergang sonst mit großen Schwierigkeiten verbunden wäre, und eignen sich vermöge ihrer bedeutenden Tragfähigkeit, Breite und dauerhaften Construction größtentheils zum Gebrauche für große Truppenmassen aller Waffengattungen.

Um zu bestimmen, bis zu welchem Grade man eine Eisenbahnbrücke zerstören soll, wird deren Lage zu der genommenen militärischen Aufstellung und ebenso zu beachten sein, ob die Verhältnisse ein rein defensives Verhalten vorschreiben oder ob möglicherweise ein Uebergang in offensive Thätigkeit bevorsteht, wie nicht minder, ob dabei eine directe Vertheidigung des Ueberganges stattzufinden hat oder nicht.

Letztere Unterscheidung ist deßhalb nothwendig, weil die directe Vertheidigung einer Brücke nicht nur deren Erhaltung bis zu einem gewissen Grade gestattet, sondern sogar zum Zwecke haben kann, und unter solchen Umständen das bloße Ungangbarmachen derselben in einem nach der Lage der Dinge zu bemessenden Grade genügen wird.

Doch soll nie unterlassen werden, die nöthigen Vorbereitungen zu treffen, um die Zerstörung der Brücke bewirken zu können, im Falle der Kampf einen ungünstigen Ausgang nähme.

In ähnlicher Weise wäre auch zu verfahren, wenn keine directe Brückenvertheidigung stattfindet; die möglichste Erhaltung der Brücke aber, wegen Wahrscheinlichkeit eines Ueberganges in die Offensive, wünschenswerth sein würde; wobei jedoch die Zulässigkeit einer bloßen Ungangbarmachung, dann deren nothwendiger Grad genau zu erwägen ist, um darnach jedenfalls ausreichende, besser zu wirksame als zu geringfügige Mittel zu wählen.

Falls endlich defensive Verhältnisse vorherrschen, welche keine Aussicht auf Wiederbenützung der Brücke zulassen, während ihr Bestand dem Gegner große Vortheile gewähren könnte, so müßte unbedingt eine derartige Zerstörung des Objectes vorgenommen werden, daß jeder Versuch darüber zu gelangen, ganz gewiß vereitelt und eine provisorische Herstellung mit Benützung belassener Brückenbestandtheile, wenigstens innerhalb der nächsten Vertheidigungsepoche, zur Unmöglichkeit würde.

Hinsichtlich der Trajectanstalten werden die bei Ueberfuhren über größere Gewässer zu beachtenden Rücksichten maßgebend sein.

Viaducte und Gallerien sind gleich Brücken zu betrachten, wenn sie den Uebergang über Terrainhindernisse vermitteln, an denen die Vertheidigung eine Stütze findet. Jedenfalls sind sie Objecte, deren Zerstörung die durch eine Eisenbahn gegebene Verbindungslinie nachhaltig unterbrechen kann. Sie besitzen also eine den Brücken ähnliche Wichtigkeit und sind betreff ihrer Unbenützbarmachung für taktische Zwecke wie diese zu behandeln.

Ueberbrückungen der Bahn als Durchfahrten für Bahnzüge gehören in die Gattung der gewöhnlichen Straßenbrücken; ihre Abtragung oder Zerstörung wird nur dann einige Bedeutung haben, wenn sie über breite Felseinschnitte oder sonst steile und tiefe Durchstiche weggehen.

An Durchlässen und kleineren, mit hölzernen Tragbalken versehenen Bahnbrücken würde es kaum die Mühe lohnen, mehr als eine einfache Beseitigung des Belags sammt der Streckbalken vorzunehmen.

Da Tunnels verhältnißmäßig leicht und mit geringen Kräften zu vertheidigen sind, so wird deren Verrammlung in der Regel genügen, sobald sie sich im Feuerbereiche des Vertheidigers befinden; aber selbst wenn dieß nicht der Fall wäre, sollte nur nach reiflichster Erwägung zur Sprengung eines Tunnels geschritten werden, ausgenommen, die Verhältnisse würden eine vollständige Bahnzerstörung überhaupt rechtfertigen.

Wenn ein Tunnel jedoch nicht im unmittelbaren Vertheidigungsbereiche für feindliche Unternehmungen aber vortheilhaft liegt, so dürfte man sich nicht mit einer bloß leichten Verrammlung begnügen, sondern müßte diese aus schweren Steinen mit dahinter angebrachter Erdanschüttung errichten, die Tunneleingänge unbenützbar machen oder andere Bahnobjecte, ohne welche der Zugang zum Tunnel nicht möglich wäre, in einem nach den obwaltenden Umständen zu bemessenden Grade zerstören.

Dämme und Einschnitte sind nebst ihrer Eigenschaft als Theile einer Verbindungslinie auch noch als solche Terraingegenstände wichtig, welche dem Angreifer unter Umständen Deckung gewähren und dessen Angriff begünstigen können, dagegen aber die freie Bewegung oder Schußwirksamkeit des Vertheidigers schmälern.

Um diesen Nachtheilen zu begegnen, müßten Dämme an geeigneten Stellen, entweder mit Einschnitten für Geschützstände und Auftritten für Infanterie versehen, oder theilweise abgetragen und glacisartig abgeböscht, oder mit Wegübergängen, und zwar wo möglich in der Breite von 28 bis 30 Klaftern, versehen werden.

Beides letztere ist auch bei Einschnitten zur Beseitigung ihrer taktischen Nachtheile anwendbar und jedenfalls schneller und leichter auszuführen als eine gänzliche Verschüttung.

Bevor an einem Damme oder Einschnitte irgend eine Unbrauchbarmachung, Zerstörung oder sonstige Veränderung vorgenommen wird, ist aber stets zu erwägen, ob und in wieferne der betreffende Damm oder Einschnitt in seinem ganzen oder theilweisen Bestande der eigenen Vertheidigung zu Statten kommen oder doch mit den vorhandenen Mitteln dazu tauglich gemacht werden kann.

Für Bahnhofsgebäude und Gegenstände des Hochbaues überhaupt gelten dieselben Regeln wie für andere Häuser oder Häusergruppen, deren Zerstörung oder Herrichtung zur Vertheidigung nothwendig wird.

Von den Verständigungsmitteln muß jedenfalls der elektro-magnetische Telegraph, einschließig der Glockensignale, wo möglich sammt den Telegraphenstangen beseitigt werden.

Auch die Entfernung der stabilen optischen Signale ist räthlich, weil sich ihrer der Feind in verschiedenen Gelegenheiten zur Abgabe von verabredeten Zeichen, sowie zur leichteren Herstellung einer Feld-Telegraphenleitung bedienen könnte.

Fahrbetriebsmittel, welche nicht zurückgeschafft werden konnten, lassen sich als Materiale zur Verbarricadirung von Bahnhöfen, Brücken, Tunnels 2c. ganz vorzüglich verwenden.

Wenn nicht bloß einzelnen Objecten oder Stellen einer größeren Bahnstrecke, sondern dieser selbst in ganzer Ausdehnung die Eigenschaft benommen werden soll, als gewöhnliches Communicationsmittel verwendbar zu sein, so bestimmt der beabsichtigte taktische oder strategische Zweck im Vereine mit den Local- und sonstigen Verhältnissen, an welchen Stellen Hindernisse angebracht, beziehungsweise welche Objecte der Bahn dazu fürgewählt werden sollen.

VII. Abschnitt.

Bahnherstellungen zu militärischen Zwecken.

Nebst der Nothwendigkeit, Eisenbahnen der feindlichen Benützung zu entziehen, wird häufig auch jene eintreten, dieses Communicationsmittel selbst beschaffen zu müssen, und zwar nicht allein, um vom Feinde unbrauchbar gemachte oder zerstörte Eisenbahnen in kürzester Zeit wieder fahrbar herzustellen, sondern auch um auf größere oder geringere Strecken ganz neue Schienenverbindungen anzulegen, wenn deren sogleiche Herstellung wichtige militärische Interessen erheischen.

Wollte man hiebei alle beim gewöhnlichen Eisenbahnbau maßgebenden Rücksichten beobachten, so würde dieß — abgesehen von den Baukosten — meistens viel mehr Zeit und Arbeitskräfte in Anspruch nehmen, als unter solchen Verhältnissen gegeben sind.

Hieraus folgt, daß von allen nicht unerläßlichen technischen Anforderungen eines vollkommen regelrecht durchgeführten Baues gänzlich abgesehen, dagegen wo es angeht, sich bloß mit solchen Herstellungen vorwiegend provisorischer Natur beholfen werden muß, die eben auslangen, um den ungestörten Betrieb der Bahn auf die voraussichtliche Dauer des Bedarfes sicherzustellen.

Wie nun bei der Anlage neuer Bahnen zu militärischen Zwecken, ferner bei Herstellung unbrauchbar gemachter oder zerstörter Schienenwege unter Festhaltung obigen Grundsatzes zu Werke gegangen werden muß, dieß soll im Nachstehenden des Näheren erörtert werden.

A. Bau provisorischer Eisenbahnen zu rein militärischen Zwecken.

Die Nothwendigkeit zum Bau solcher Eisenbahnen kann eintreten:

1. Wenn bestehende Schienenwege überhaupt und insbesondere zur Behebung der Nachtheile von Kopfstationen, oder um den Verkehr zwischen

verschiedenen, nicht weit von einander entfernten Bahnhöfen zu ermöglichen, in Verbindung gebracht werden sollen.

Vortheilhaft erscheint es, derlei Verbindungsbahnen mindestens für zwei Geleise anzulegen, was bei ihrer meistens nicht bedeutenden Länge in der Regel auf keine sehr erheblichen Schwierigkeiten stoßen dürfte.

2. Um befestigte Orte oder einzelne Festungswerke entweder unter einander oder mit bestehenden Eisenbahnlinien in Verbindung zu bringen, worunter auch jene Abzweigungen gehören, welche von einer längs der Seeküste hinziehenden Eisenbahn zu den behufs der Küstenvertheidigung schon vorhandenen oder im Kriegsfalle zu erbauenden fortificatorischen Werken führen sollen. Solche Schienenverbindungen können für die Armirung, Verproviantirung der Werke, Verstärkung der Besatzung u. dgl. die ersprießlichsten Dienste leisten.

3. Um die Fahrbetriebsmittel von exponirten Bahnhöfen in das Innere der Festungen zurückzuziehen, woselbst zu deren Aufnahme provisorische Aufstellungsplätze herzurichten wären; desgleichen wenn der zurückzuziehende Fahrpark außerhalb eines Bahnhofes an einem Orte aufgestellt werden müßte, wohin noch keine Geleise führen. Im ersteren Falle wird man die Verbindungsbahn bei Annäherung des Feindes, und nachdem der beabsichtigte Zweck erreicht wurde, wieder unfahrbar zu machen haben.

4. Um auf größeren oder kleineren Strecken eingeleisiger Bahnen eine Verkehrserleichterung durch Legung eines zweiten Geleises oder Anbringung von Ausweichen herbeizuführen, sowie auch um Bahnhöfe durch Vermehrung der Geleise, Wechselvorrichtungen, Verlademittel, Unterkunftslocalitäten ꝛc. für die Bedürfnisse eines größeren Militärverkehres besser geeignet zu machen.

5. Um im Bau befindliche Eisenbahnstrecken einer rascheren Vollendung zuzuführen, oder

6. Bahnstrecken, welche in Folge einer ungünstigen Anlage der feindlichen Zerstörung besonders ausgesetzt sind, durch eine andere geschütztere Schienenverbindung zu ersetzen.

7. Endlich wenn strategisch wichtige Bahnlinien in kürzester Zeit ganz neu herzustellen wären.

In allen diesen Fällen bildet der Unter- und Oberbau die Hauptsache, während Kunst- und Hochbauten überhaupt auf das Unerläßlichste zu beschränken und in der einfachsten Weise auszuführen sind.

a) Vorarbeiten.

Tracirung der Bahn.

Zeitraubende Erdarbeiten, Felsensprengungen oder bedeutendere Kunstbauten sind soviel als möglich zu vermeiden, selbst wenn die Bahn in Folge dessen eine etwas längere Ausdehnung als sonst erhalten müßte. Auch könnten im flachen Lande selbst Steigungen von 1:120 und Krümmungshalbmesser von 150 Klaftern, im Hügellande Steigungen von 1:80 und Krümmungshalbmesser von 100 Klaftern in Anwendung kommen. Beim Maximum der Krümmung ist jedoch nur die Steigung von 1:100 zulässig.

Die gerade Strecke, welche bei gewöhnlichen, auf eine größere Fahrgeschwindigkeit berechneten Bahnen zwischen zwei Curven in entgegengesetzter Richtung für nöthig erachtet wird, kann wegbleiben*).

Im Gebirge könnten noch kleinere Krümmungshalbmesser bis zu 80 Klaftern und Steigungen von 1:30, jedoch nicht Beides zugleich, Anwendung finden.

Zur Befahrung solcher Strecken wären übrigens schon besonders kräftige, hinreichend gelenkige Locomotive, wie solche z. B. auf dem Semmering im Gebrauche sind, erforderlich.

Ständen derlei Maschinen zur Verfügung, so könnten die Krümmungshalbmesser überhaupt und in jedem Terrain nöthigenfalls selbst bis auf 80 Klafter vermindert und ebenso kürzere Strecken bis zu 500 Klafter Länge mit dem Steigungsverhältnisse von 1:60, längere mit jenem von 1:70 angelegt werden.

Stärkere Steigungen als 1:30 lassen weder Krümmungen noch den Betrieb mittelst Locomotiven zu. Auf solchen sogenannten „schiefen Ebenen"

---

*) Die gerade Strecke zwischen zwei entgegengesetzten Curven soll in der Regel noch die Länge eines Bahnzuges erreichen, mindestens aber 125 Klafter im Flach- und Hügellande, und 48 Klafter bei Gebirgsbahnen betragen.

muß die unter dem Namen des Seilbetriebes bekannte Beförderungsmethode in Anwendung kommen, das heißt es müssen die Züge mittelst stehender Dampfmaschinen oder durch die Schwerkraft der abwärts gehenden Züge an Seilen bewegt werden*).

Die Kostspieligkeit und Gefährlichkeit des Seilbetriebes, vereint mit dem Umstande, daß derselbe einen durchgehenden Verkehr sehr behindert, lassen ihn jedoch nur als einen der äußersten Nothbehelfe erscheinen, der selbst bei provisorischen Bahnbauten nicht zu empfehlen ist. Nur dann wäre Gebrauch davon zu machen, wenn die Terrainverhältnisse sonst durchaus keine andere, in Anbetracht der auf den Bau verwendbaren Zeit und Mittel, zweckmäßigere Trace zulassen würden.

Vergleicht man die angegebenen Steigungs- und Krümmungsverhältnisse mit jenen, welche den Bestimmungen des deutschen Eisenbahnvereines gemäß bei gewöhnlichen Verkehrsbahnen eingehalten werden sollen, und wonach im flachen Lande Steigungen von 1:200 und Krümmungshalbmesser nicht unter 600 Klaftern, im Hügellande Steigungen von 1:100 und Krümmungshalbmesser nicht unter 200 Klaftern, im Gebirge Steigungen von 1:40 und Krümmungshalbmesser nicht unter 100 Klaftern als Maximalgrenzen bezeichnet sind, so erhellt, daß provisorische Bahnbauten, welche nach den oben aufgestellten Grundsätzen auszuführen sind, in den meisten Fällen statt einer horizontalen, mäßig ansteigenden oder fallenden Fahrbahn mit sanften und nicht zu häufigen Krümmungen, eine stark sich schlängelnde, mit oft wechselnden Neigungswinkeln bald fallende, bald steigende Trace erhalten werden.

Allerdings bedingen diese Umstände eine verhältnißmäßig geringere Fahrgeschwindigkeit nebst größerer Locomotiv-Zugkraft, als bei regelrechter Bahnführung in Anspruch genommen wird; allein bei provisorischen Bahnbauten zu rein militärischen Zwecken sind die ökonomischen, sowie überhaupt alle auf die Bequemlichkeit oder lucrative Einrichtung des Betriebes Bezug nehmenden Rücksichten nur von untergeordnetem Belange. Die Hauptsache

---

*) Eine Neigung der Bahn von $\frac{1}{200}$ reicht hin, um einen Zug ohne andere bewegende Kraft als seine eigene Schwere in Bewegung zu setzen. Erreicht die Neigung $\frac{1}{50}$, so kann der hinabgleitende beladene Zug gleichzeitig einen leeren Zug von gleicher Wagenzahl auf einem Nebengeleise hinaufschaffen.

bleibt, daß die Bahn in verhältnißmäßig kurzer Zeit leicht und sicher so hergestellt werde, daß sie den Anforderungen des Militärverkehres entspricht, wobei zu berücksichtigen ist, daß letzterer ohnehin keine sehr große Geschwindigkeit zuläßt.

Aus dem bisher Gesagten ergibt sich, daß Tracen, welche für die regelrechte Führung einer Bahn ermittelt wurden, sich nur selten und nur bei sehr günstigen Terrainverhältnissen auch zur provisorischen Herstellung derselben Bahnlinie eignen werden; daher meistens die Nothwendigkeit eintreten wird, zu diesem Zwecke eine ganz neue Tracirung der Bahn vorzunehmen.

Untersuchung des Grundes ꝛc.

Nächst der Tracirung gehört auch die Untersuchung des Grundes zu den wichtigsten Vorarbeiten, um mit Rücksicht auf die vorhandenen Bodengattungen die geeignetsten Dispositionen für die Erdarbeiten treffen zu können. Sobald dieß auf der ersten Baustrecke geschehen ist und nebstdem auch die sonst noch erforderlichen Vorarbeiten, als: Aufnahme des Terrains, Nivellement ꝛc. besorgt wurden, kann mit dem Bau daselbst gleich begonnen werden.

b) Erdarbeiten.

Wie früher bemerkt, muß größeren Erdbewegungen, also bedeutenden Einschnitten oder Aufdämmungen durch eine entsprechende Tracirung der Bahn soviel wie möglich ausgewichen werden. Abgesehen davon, daß im entgegenstehenden Falle zu viel Zeit und Arbeitskräfte in Anspruch genommen würden, ist weiters auch zu berücksichtigen, daß Aufdämmungen von mehr als 2 Klaftern Höhe nur dann gleich nach der Ausführung mit Locomotiven befahren werden könnten, wenn sie aus sehr dichtem, keiner Ablagerung oder Senkung unterliegendem Materiale hergestellt wurden.

Je weniger Sand, Schotter oder sonstige steinige Bestandtheile der verwendeten Erdgattung beigemengt ist, desto länger wird in der Regel die vollständige Consolidirung des aufgeschütteten Erdkörpers dauern.

Zur Berechnung von Zeit und Arbeitskräften für größere Erdbewegungen können folgende, einer mittleren Festigkeit des Erdreiches entsprechende Angaben dienen:

Eingeleisige Aufdämmungen von 1000 Klafter Länge mit gewöhnlicher Kronenbreite von 13½'*) und 1 bis 1½facher Anlage beschäftigen:

bei 0.₅° Höhe circa 680 Arbeiter durch 2 Wochen
„ 1° „ „ 1730 „ „ 2 „
„ 1.₅° „ „ 2100 „ „ 3 „
„ 2° „ „ 2125 „ „ 4 „
„ 2.₅° „ „ 2440 „ „ 6 „
„ 3° „ „ 2500 „ „ 8 „

Ein Einschnitt von 1000 Klafter Länge, 13½' Sohlenbreite, mit entsprechend breiten Seitengräben**) und beiderseitiger einfußiger Seitenböschung erfordert:

bei 0.₅° Tiefe circa 1775 Arbeiter durch 2 Wochen
„ 1° „ „ 2000 „ „ 3 „
„ 1.₅° „ „ 2300 „ „ 4 „
„ 2° „ „ 2100 „ „ 6 „

Diese Ziffern zeigen, daß das Verhältniß der für Erdbewegungen erforderlichen Zeit und Arbeitskräfte bei Einschnitten ungünstiger ist als bei Aufdämmungen, daher besonders die ersteren möglichst zu vermeiden sind.

c) **Provisorien für Kunstbauten.**

Wenn der streckenweisen Führung der Bahn in bedeutender Höhe über dem natürlichen Terrain durchaus nicht auszuweichen wäre, so könnte die mehr Zeit in Anspruch nehmende Aufdämmung durch hölzerne Viaducte von

---

*) Bei Doppelgeleisen beträgt die Kronenbreite 23½', und zwar:
    1. Spurweite für zwei Bahnen à 4·7' . . . . 9.4'
    2. Zwei Banquette à 4·2' . . . . 8.4'
    3. Entfernung der beiden Schienenwege . . . . . . 5.6'
                               Zusammen . 23.4'

**) Die Breite der Seitengräben richtet sich in der Regel nach der Wassermenge, welche in die Gräben je nach der Lage des Terrains abfließen muß. Gewöhnlich macht man die Gräben 2' tief, die Grabensohle 1' breit, und gibt der Böschung auf der Bahnseite die 1½fache, auf der entgegenstehenden aber die einfache Höhe zur Anlage.

möglichst einfacher Construction ersetzt werden, deren Tragsäulen und Stützen in der Folge je nach Bedarf mit Erde zu verschütten sind.

Derselbe Vorgang empfiehlt sich übrigens in holzreichen Gegenden auch bei minder hohen Aufdämmungen, wenn das Materiale, welches sonst zu ihrer Herstellung verwendet werden müßte, voraussichtlich starken Setzungen unterliegen würde.

In holzreichen Gegenden ist zu Kunstbauten überhaupt vorzugsweise nur Holz zu verwenden; es eignet sich zu den mannigfachsten Constructionen bis zu der Höhe von 10 bis 12 Klaftern als verticale Tragsäulen, Traggerüste, einfache, doppelte und dreifache Joche; ferner als Sprengwerk bis zu 12 Klaftern, als Gitterwerk bis zu 25 Klaftern Spannweite, zur Herstellung der Fahrbahn über Joche oder Traggerüste u. dgl.

Stehen nur schwache Hölzer zu Gebote, so werden selbst für Spannweiten von nur 10 bis 12 Klaftern Gitterwerke in Anwendung kommen müssen.

Bei noch geringeren Spannweiten kann die Brückendecke aus derlei schwachen Hölzern zwar auch mittelst gewöhnlicher Ueberlagen, jedoch verstärkt durch eine entsprechende einfache Eisenarmirung, hergestellt werden. Mitunter werden auch die im gewöhnlichen Handel und Verkehr vorkommenden Eisensorten die Mittel zu einer förmlichen Eisenconstruction liefern.

In Gegenden, wo die Eisenindustrie sehr schwunghaft betrieben wird, werden sich manchmal Mittel finden, um selbst Objecte von bedeutenderen Dimensionen mittelst gußeiserner Säulen oder Pfeiler und mittelst schmiedeiserner Gitterwerks-Ueberlagen oder mittelst Blechträgern herstellen zu können.

Wo aber weder Holz noch billiges Eisen von der erforderlichen Beschaffenheit und in genügender Menge zu haben ist, wird manchmal wohl nichts Anderes erübrigen, als wenigstens theilweise zu gemauerten Pfeilern seine Zuflucht zu nehmen; um aber Zeit und Arbeitskräfte zu sparen, soll alsdann nur Bruchstein- oder Ziegelmauerwerk von möglichst schwachen Dimensionen mit entsprechender Verankerung, oder Béton-Mauerwerk in Anwendung kommen.

Bisweilen werden auch Straßenbrücken oder zu anderen Zwecken bestehende Kunstbauten entweder in ihrer jeweiligen Beschaffenheit oder mit

einiger Verstärkung, sowie auch Theile oder Strecken des Straßenkörpers
für den Zug provisorischer Bahnen mit Vortheil zu benützen sein.

Gleichzeitiger Mangel an Holz und Stein kommt in der Regel nur in
großen Ebenen vor, wo entweder gar keine Terrainhindernisse oder mit
Ausnahme der Flüsse höchstens nur solche zu überwinden sind, die der Herstellung einer provisorischen Bahn keine besonders großen Schwierigkeiten
entgegensetzen.

Sümpfe, Teiche und Seen, die in ebenen Landstrichen häufiger als
sonst wo anzutreffen sind, lassen sich fast immer durch eine angemessene Führung der Bahn umgehen; anders verhält es sich mit Flüssen, die in großen
Ebenen meistens auch bedeutende Mächtigkeit besitzen.

Die möglichst einfache Ueberwindung dieser Terrainhindernisse erheischt
vor Allem eine sorgfältige Recognoscirung und Wahl der Uebergangsstelle,
welche — abgesehen von dem allgemeinen Zuge der Bahnlinie und von
etwaigen unabweislichen taktischen Erfordernissen — dort gesucht werden
muß, wo der Fluß, bei leichter Zufahrt, keine allzugroße Tiefe und dessen
Ueberschwemmungsgebiet keine zu beträchtliche Breite hat.

Lassen die Umstände, namentlich Kürze der Zeit, Mangel an Material
oder Arbeitskräften, die Herstellung einer Brücke nicht zu, so könnte der
Uebergang der Bahnwagen unter Umständen auch durch eine geeignete,
jedoch möglichst einfache Trajectanstalt vermittelt werden.

Ob und in wieferne statt solcher Ueberfuhren, wenigstens bei nicht allzu
großen Flüssen, Schiffbrücken aus hinreichend tragfähigen Wasserfahrzeugen
Anwendung finden könnten, darüber liegen noch keine Erfahrungen vor; es
steht übrigens sehr in Frage, ob sich damit überhaupt ein Vortheil erreichen
ließe. Selbstverständlich könnten die Eisenbahnwagen nur einzeln oder höchstens zu zweien oder dreien mit Pferden, oder an Seilen mittelst von
den Ufern herwirkenden Locomotiven oder Locomobilen darüber geschafft
werden.

Wo längs beider Ufer großer Flüsse, wie z. B. am Rhein und an der
Donau, Eisenbahnen auf größere Strecken parallel hinziehen, wird die provisorische Querverbindung der beiderseitigen Linien nicht selten von großem
Nutzen für die militärischen Operationen sein; welcher Mittel man sich aber
zur Herstellung des Flußüberganges zu bedienen habe, läßt sich natürlich
nicht für alle derlei Fälle im Vorhinein bestimmen.

d) Oberbau.

Je weniger Zeit und Aufmerksamkeit dem Unterbau zugewendet werden konnte, desto größere Sorgfalt erfordert der Oberbau und desto fester muß er hergestellt werden, besonders bei Anschüttungen von größerer Höhe, bei halbseitigen Aufdämmungen an Berglehnen, und überhaupt dort, wo die Bahn, bevor noch der Unterbau die gehörige Festigkeit erlangt haben kann, schon befahren werden müßte.

Als das geeignetste Oberbau-System empfiehlt sich jenes, wo unter möglichst starken Schienen mit Laschenverbindung außer den Querschwellen noch Langschwellen liegen. Ständen keine Schienen starken Profils zur Verfügung, so wären die Langschwellen über den Querschwellen unmittelbar unter den Schienen anzubringen; bei Verwendung starker Schienen aber könnten die Langschwellen unter die Querschwellen gelegt werden.

Die Anbringung einfacher, aber doch genügend starker Platten unter den Schienenstößen wird sich als sehr zweckmäßig erweisen.

Hat sich der Unterbau hinreichend setzen können, dann bei Einschnitten mit fester Sohle, oder auf Bahnstrecken, deren Herstellung in einer bloßen Terrainausgleichung bestand, sind die als Verstärkungsmittel dienenden Langschwellen entbehrlich und es genügen daselbst auch Schienen von bloß 9—12' Länge.

Als die einfachste und solideste Befestigung der Schienen empfiehlt sich das Anheften derselben mit Hakennägeln unmittelbar auf die Quer- oder Langschwellen.

Für beiderlei Gattungen von Schwellen können übrigens weiche Holzgattungen von hinreichend dichtem Gefüge anstandslos benützt und auf dem größten Theile ihrer Oberfläche, nämlich mit alleiniger Ausnahme der zur unmittelbaren Schienenauflage bestimmten Theile, rund belassen werden.

Schon bei Curven, deren Halbmesser unter 900 Klafter beträgt, daher um so mehr bei den scharfen Krümmungen provisorischer Bahnen, muß die Spurweite im Verhältniß zur Abnahme der Radienlänge angemessen vergrößert und die äußere Schiene mit Berücksichtigung der Fahrgeschwindigkeit höher als die innere gelegt werden, damit die Schienenkante nicht von den Spurkränzen nachtheilig angegriffen werde; die Fortbewegung des Zuges würde sonst mehr Kraft erfordern und außerdem leicht ein Entgleisen der Wagen stattfinden können.

Die vom deutschen Eisenbahnvereine für Erweiterung und Erhöhung der Schienen vorgeschlagenen Maße sind aus folgender Tabelle ersichtlich:

Radius der Krümmung	Spurerweiterung	Schienenerhöhung
1800 Meter = 950°	0.013 Meter = 5.92'''	0.005 Meter = 2.27'''
1500 „ = 791°	0.015 „ = 6.83'''	0.010 „ = 4.55'''
1200 „ = 633°	0.017 „ = 7.74'''	0.016 „ = 7.28'''
900 „ = 475°	0.020 „ = 9.11'''	0.022 „ = 10.02'''
600 „ = 317°	0.022 „ = 10.02'''	0.035 „ = 1.32''
300 „ = 159°	0.025 „ = 11.39'''	0.050 „ = 1.89''
100 „ = 53°	0.030 „ = 1.13''	0.065 „ = 2.46''*)

e) Hochbauten.

Für sämmtliche Hochbauten, als: Wasserthürme, Betriebslocalitäten, Wächterhäuser und Magazine ꝛc. genügen die allereinfachsten Herstellungen aus Holz, oder wo dieses nicht zu haben wäre, in sonst leicht ausführbarer Weise.

Die Wasserstationen müssen mit Hintansetzung jeder anderen Rücksicht dorthin kommen, wo reichliches und taugliches Wasser zur Speisung der Locomotive vorhanden ist.

Für alle übrigen Stationen oder Ausweichplätze sind solche Orte zu wählen, wo die Gestaltung und Beschaffenheit des Terrains, nebst den Niveau-Verhältnissen deren Anlage begünstigt, während gleichzeitig auch den unabweislichen militärischen Bedürfnissen entsprochen wird.

---

*) Bei der Semmering-Bahn wurden folgende Maße für die Spurerweiterung und Erhöhung der Schienen angenommen:

Radius der Krümmung	Spurerweiterung	Schienenerhöhung
6000 Fuß	2¼'''	5½'''
5000 „	2½'''	6¾'''
4000 „	3¼'''	8½'''
3000 „	4⅓'''	11¼'''
2000 „	6½'''	1'' 4¾'''
1000 „	1'' 1'''	2'' 9½'''
900 „	1'' 2½'''	3'' 1¼'''
800 „	1'' 4¼'''	3'' 5¾'''
700 „	1'' 6½'''	4''
600 „	1'' 9½''	4'' 7¾'''

f) **Anordnung der Arbeiten.**

Möglichst rasche Herstellung des Baues und vollständige Ausnützung aller verfügbaren oder durch kluge, umsichtige Einleitungen sonst noch herbeizuziehenden Arbeitskräfte, muß das Hauptziel der wohl zu überdenkenden Arbeitsanordnung bilden.

Es soll daher nicht an allen Punkten mit der Arbeit zugleich begonnen, sondern im Gegentheile durch zweckmäßige Verwendung der Arbeitskräfte getrachtet werden, ehemöglichst zusammenhängende Bahnstrecken zu erhalten, und diese mit im Betriebe befindlichen Eisenbahnen in Verbindung zu bringen, um die successive fertig werdenden Strecken der neuen Bahn sogleich für den Weiterbau verwerthen, beziehungsweise für die Zufuhr von Baumateriale u. dgl. mittelst Pferden oder leichten Locomotiven benützen zu können.

Der zunächst streckenweise in Angriff genommene Unterbau wird also, wo es geschehen kann, sogleich mit dem Oberbau zu belegen sein.

Mit der Herstellung der schwierigeren, mehr Zeit raubenden Objecte, wie z. B. höheren Aufdämmungen aus langsam sich setzendem Materiale u. dgl., ist entsprechend früher zu beginnen, während Kunst- und Hochbauten, mit Rücksicht auf die voraussichtliche Dauer der Arbeiten, entweder gleichzeitig mit dem Unter- und Oberbaue oder je nach dem Fortschreiten der Schienenlegung zur Ausführung gelangen müssen.

g) **Bauleitung und Arbeiterverwendung.**

Zur Oberleitung, Ueberwachung und Ausführung des Baues wird man in der Regel Genie-Officiere verwenden, an deren Seite praktische Bahn-Ingenieure sehr vortheilhaft wirken können.

Soll der Bau — wie es häufig nothwendig sein dürfte — durch Militär-Mannschaft ausgeführt werden, so wird man die beigegebenen technischen Truppen vorzugsweise als Partieführer oder zu etwa vorkommenden besonderen Bauten verwenden.

Eine sehr zu empfehlende Maßregel ist die Zusammenstellung von Elite-Arbeiterpartien, welche zunächst für die schwierigsten Arbeiten zu verwenden sind und womit sich viel an Zeit ersparen läßt.

Im Allgemeinen scheiden sich die bei Herstellung einer provisorischen Bahn vorkommenden Arbeiten, wie folgt:

1. Arbeiten, welche den gewöhnlichen Verrichtungen des Pionnierdienstes angehören, die daher ohneweiters durch Pionniere, Mannschaft der Genietruppe oder andere darin geübte Soldaten oder durch gewöhnliche Arbeiter ausgeführt werden können.

Hierunter sind zu rechnen:
a) Alle Planirungsarbeiten;
b) alle sonstigen Erd- und Bekleidungsarbeiten an Dämmen und Einschnitten;
c) Errichtung der stabilen optischen Signale und Profiltafeln.

2. Arbeiten, die von den im Stande der Pionnier- und Genietruppen eingetheilten oder bei den übrigen zum Bau verwendeten Truppenkörpern aufzutreibenden Handwerkern geleistet werden können.

In diese Kategorie gehören:
a) Die einfachen Holzconstructionen, wie sie für die Herstellung des Oberbaues und der Ueberbrückungen in Anwendung kommen;
b) Legung der Schienen, Herstellung der Weichen, Drehscheiben und andere Ausführungen ähnlicher Art;
c) Herstellung des elektro-magnetischen Telegraphen und der Glockensignale.

3. Endlich besondere Arbeiten, die nur von eigens hiezu abgerichteten Arbeitern unter Leitung von Eisenbahn-Ingenieuren verrichtet werden können und wobei Militär-Mannschaft nur aushilfsweise verwendbar ist.

h) Instandhaltung der provisorischen Bahnbauten.

Die meistens flüchtige Herstellung einer provisorischen Bahn bedingt die Nothwendigkeit häufiger Nachhilfen sowohl beim Ober- und Unterbau, als auch bei anderen Objecten des Bahnbetriebes; es erscheint daher rathsam starke Arbeiterpartien, für deren Unterkunft in Zelten, Baraken, Erdhütten ꝛc. natürlich vorgesorgt werden muß, nächst jenen Strecken bereit zu halten, wo voraussichtlich die meisten Reparaturen vorkommen dürften.

In angemessener Vertheilung sollen ferner Schmieden angebracht werden, um Reparaturen an Oberbau-Bestandtheilen ohne Zeitverlust bewirken zu können; beßgleichen einfache Oefen zum Gerabrichten der Schienen.

(Eisenbahnwesen.)

In allen übrigen, die vorstehenden Grundzüge nicht berührenden Beziehungen gelten auch für provisorische Bahnen die allgemeinen Regeln des Eisenbahnbaues.

Es unterliegt keinem Zweifel, daß die zur Leitung oder Beaufsichtigung eines solchen Eisenbahnbaues berufenen Officiere sich die dazu gehörigen technischen Kenntnisse — sollen sie ihrer Bestimmung vollkommen entsprechen — schon früher erworben haben müssen, sowie es nicht minder ersprießlich wäre, wenigstens einen Theil der Mannschaft der Genie- und Pionniertruppe nicht nur im Eisenbahnbau, sondern auch in gewissen anderen technischen Verrichtungen des Eisenbahndienstes entsprechend unterrichten zu lassen und in Uebung zu erhalten.

B. Pferde-Eisenbahnen als Ersatz für provisorische Locomotivbahnen.

Statt provisorischer Locomotivbahnen können unter Umständen, und wenn überhaupt ein Schienenweg erforderlich und ausführbar wäre, auch Pferde-Eisenbahnen Anwendung finden, deren Tracirung keinen so großen Schwierigkeiten unterliegt und die auch bei weitem keines so festen, sorgfältigen Ober- und Unterbaues wie Locomotivbahnen bedürfen, daher verhältnißmäßig viel rascher, leichter und wohlfeiler herzustellen sind. Hin und wieder wird man sogar den Körper einer schon vorhandenen festen Straße als Unterlage für einfache Schwellen und Schienen zu benützen und auf diese Weise die Straße selbst in eine Pferdebahn umzuwandeln vermögen.

Man darf sich jedoch von Pferdebahnen überhaupt keinen großen Vortheil für kriegerische Operationen versprechen; ihre militärische Leistungsfähigkeit ist — namentlich was den Truppentransport anbelangt — eine verhältnißmäßig sehr geringe, und sie werden höchstens nur bei der Nachschaffung von Armeebedürfnissen auf kurze Strecken einigen Nutzen gewähren.

Am wenigsten sind sie als provisorische Verbindung einer unterbrochenen Locomotivbahn zu empfehlen, indem die Leistungsfähigkeit der ganzen Linie von jener der Pferdebahnstrecke abhängig gemacht und dadurch sehr beeinträchtiget werden würde.

Nichts destoweniger kann sich die Nothwendigkeit ergeben, über eine provisorische, für den Locomotivbetrieb bestimmte Bahnstrecke, welche jedoch einer derartigen Benützung zur Zeit ihrer Inanspruchnahme noch nicht vollständig entspricht, doch aber für Beförderung leichterer Lasten mit geringerer Geschwindigkeit bereits geeignet ist, die Wagen zu zweien oder dreien mittelst Pferden fortziehen zu lassen, in welchem Falle es eine nachtheilige Unterlassung wäre, wenn man von diesem Mittel keinen Gebrauch machen wollte.

Pferde können übrigens auch zum Verschieben der Fahrmittel in den Bahnhöfen vortheilhaft verwendet werden, wenn es an den hiezu erforderlichen Locomotiven gebricht.

C. Herstellung unbrauchbar gemachter oder zerstörter Eisenbahnen zu militärischen Zwecken.

Unbrauchbar gemachte oder zerstörte Bahnstrecken oder Bahnobjecte zu kriegerischen Zwecken wieder herzustellen, verlangt ebenfalls Raschheit und folgerichtig auch Einfachheit in der Ausführung.

Diesen Bedingungen gemäß sind vorerst nur solche Herstellungen vorzunehmen, welche erforderlich sind, um die Bahn in möglichst kurzer Zeit wieder befahren zu können, daher alle jene Strecken und Objecte durch Provisorien ersetzt werden müssen, welche mehr Zeit, Arbeit oder Kosten verlangen, als obige Rücksicht gestattet.

Erst wenn auf diese Art der Betrieb ermöglicht wurde, kann daran gegangen werden, die Bahn nach und nach, und ohne daß deren ausgiebige militärische Benützung im Geringsten beeinträchtiget werde, auf ihren früheren Stand zu bringen.

Hat die Unterbrechung oder Zerstörung schwierige, kostspielige Kunstbauten oder Erdwerke betroffen, so ist zu erwägen, ob sich derlei Objecte nicht vielleicht durch eine streckenweise Umlegung des Schienenweges unter Anwendung der für provisorische Bahnen angegebenen Grundsätze mit Vortheil umgehen lassen, wobei jedoch im eigenen Lande die spätere definitive Herstellung der Bahn für den gewöhnlichen Verkehr nie aus dem Auge gelassen werden darf.

Es wird aber nicht selten großen Schwierigkeiten unterliegen, eine die vorgeschriebenen Niveau- und Krümmungsverhältnisse gehörig berücksichtigende, zweckmäßige neue Verbindung der beiderseitigen Bahnenden herzustellen.

Die erste und wichtigste Sorge des mit der Wiederinstandsetzung der Bahn Beauftragten muß dahin gerichtet werden, Arbeiter, Werkzeuge und Baumaterialien mit allen ihm zu Gebote stehenden Mitteln in hinlänglicher Anzahl und auf das schleunigste an Ort und Stelle zu schaffen.

Im Uebrigen wird der Grad der stattgefundenen Zerstörung bestimmen, in welcher Art und Weise die Wiederherstellung vorgenommen werden müsse.

In der Regel soll damit von rückwärts angefangen und streckenweise von Station zu Station oder bis zu einem solchen bedeutenden Bauobjecte vorgegangen werden, dessen Reconstruirung voraussichtlich mehr Zeit als die Instandsetzung der vorhergehenden Bahnstrecke in Anspruch nehmen wird, um wenigstens Theile der Bahn für die Zufuhr des Baumaterials baldigst benützen zu können.

Demgemäß muß auch die ganze Arbeitskraft auf die in Angriff genommene Strecke verwendet werden, und wäre eine Ausnahme nur dann angezeigt, wenn anderwärts herzustellende Objecte aus dem Grunde früher begonnen werden sollten, um den Verkehr längs der ganzen wieder zu eröffnenden Bahnlinie binnen einer festgesetzten Frist auf einmal zu ermöglichen.

Vor allem Anderen ist an die Herstellung des Unter- und Oberbaues Hand anzulegen, das heißt mit der Aufräumung der vom Gegner gelegten Hindernisse in den Bahnhöfen und längs des Bahnkörpers, mit anderweitigen Erd- und Bekleidungsarbeiten an Dämmen und Einschnitten, Herrichtung der Durchlässe und kleineren Brücken, gleichzeitig aber auch mit Legung der Schwellen und Schienen zu beginnen.

Während dieß geschieht, muß der elektro-magnetische Telegraph längs der ganzen zu eröffnenden Bahn, nöthigenfalls selbst mit Zuhilfenahme der Mittel der Feldtelegraphie, in Thätigkeit gesetzt werden.

An diese Instandsetzungen reihen sich jene der Ausweich- und Wechselvorrichtungen, der Wasserkrahne, Pumpvorrichtungen und Wasserleitungen. Ob erst sodann oder unter Einem mit den vorgenannten Arbeiten, die an größeren Brücken und sonstigen Kunstbauten nöthigen Herstellungen zu bewerkstelligen sind, hängt theils von der hiezu erforderlichen Zeit, theils auch von den verwendbaren Arbeitern und Mitteln ab.

Unter Einem müssen auch die stabilen optischen oder Glockensignale wieder errichtet, die sonstigen Signalmittel, das Brennmateriale und die Fahrmittel herbeigeschafft und schließlich die zum Betrieb und als Unterkünfte für das Bahnpersonale unumgänglichen Localitäten nach Bedarf in Stand gesetzt werden.

Ist auf diese Weise die Fahrbarkeit einer Bahn erreicht, so erübrigt nur mehr die Herrichtung oder Aufstellung der für einen anhaltenden, grösseren Betrieb unerläßlichen Reparaturs-Werkstätten und Magazine.

Alle für die militärische Benützung der Bahn nicht unerläßlichen Hoch- und Kunstbauten aber bedürfen während der Kriegsdauer der Wiederherstellung nicht; diese kann um so mehr unterbleiben, als es in Folge einer abermaligen nachtheiligen Wendung der Dinge immerhin geschehen könnte, Geld und Arbeitskräfte umsonst verwendet zu haben.

VIII. Abschnitt.

Militärische Vorkehrungen, um Bahnhöfe sowohl gegen feindliche Angriffe im Kriegsfalle, als auch bei Volksaufständen u. dgl. zu sichern, sowie dieselben mit Erfolg vertheidigen zu können.

Bahnhöfe bergen in der Regel einen schwer ersetzbaren Schatz an Vorrichtungen, Materialien und Maschinen für den Betrieb der Eisenbahnen; es bleibt daher unter allen Umständen wünschenswerth, sich den Besitz dieser wichtigen Objecte militärisch zu sichern; besonders gilt dieß von jenen größeren Haupt- und Central-Bahnhöfen, welche vermöge ihrer Lage an großen Städten, Festungen u. dgl., bei Aufständen oder in Kriegszeiten zunächst bedroht erscheinen.

Schon früher müssen hier Vorkehrungen getroffen und Mittel bedacht werden, um sich dieser Bahnhöfe erforderlichen Falles sogleich bemächtigen und dieselben gegen Angriffe von außen mit Erfolg behaupten zu können.

Die militärische Bedeutung der Bahnhöfe ist eine zweifache; sie nehmen das militärische Interesse nicht nur als die wichtigsten Objecte des Eisenbahnbetriebes in Anspruch, sondern haben auch, abgesehen von diesem ihren technischen Werthe, einen rein taktischen, indem sie in der Regel eine zur Vertheidigung geeignete Gruppe von solid erbauten Häusern bilden.

Hieraus ergibt sich, daß auch das Ziel der Vertheidigung eines Bahnhofes ein zweifaches sein kann, und zwar:

1. Schutz und Erhaltung des darin aufbewahrten Betriebsmateriales und des Bahnhofes selbst, als des wichtigsten Betriebsobjectes für die militärische Benützung der Bahn;

2. Behauptung des Bahnhofes als vertheidigungsfähigen Terraingegenstandes überhaupt und ohne Rücksicht auf seine technische Eigenschaft,

wobei die vorhandenen Betriebsmittel allenfalls selbst zur Verstärkung der Vertheidigungsfähigkeit benützt werden können.

Je nach dem Zwecke der Vertheidigung sind aber auch die zu ergreifenden Mittel verschieden. Vor allem Anderen ist zu berücksichtigen, ob der Bahnhof gegen einen geordneten Angriff regulärer Truppen zu vertheidigen oder nur gegen Anfälle bewaffneter Volkshaufen zu schützen sei.

In allen Fällen ist die **Abschließung des Stationsplatzes gegen das Außenfeld die erste Bedingung für die Behauptung des Bahnhofes.** Die Art und Weise, wie diese Abschließung bewerkstelligt werden soll, hängt theils von der vorbezeichneten Beschaffenheit des Angriffes, theils und hauptsächlich auch von der Oertlichkeit selbst ab, und lassen sich hierüber genaue, unter allen Umständen passende Vorschriften eben so wenig, als über die sonstigen Details der Vertheidigungs-Instandsetzung der Bahnhöfe überhaupt geben.

Im Allgemeinen jedoch ist Folgendes zu beachten:
a) Einfaches Anschmiegen der Vertheidigungsherrichtungen an die bestehenden und zu sichernden Objecte;
b) geringe Herstellungskosten, die wo thunlich durch die betreffenden Bahngesellschaften selbst bestritten werden müssen;
c) Möglichkeit, den Bahnhof mit einer verhältnißmäßig geringen Truppenzahl entsprechend besetzen und erfolgreich vertheidigen zu können;
d) endlich sollen die Vertheidigungsanstalten vorzugsweise auf Infanteriebesatzung berechnet sein, weil Geschütze nicht immer zur Hand sind.

Die Kriegsgeschichte weist viele Beispiele auf, wo eine tüchtige Besatzung unter dem Schutze einer einfachen Mauerumfassung den überlegensten Angriffen zu trotzen vermochte. Was aber eine einfache Kirchhofmauer als Vertheidigungsmittel leisten kann, läßt sich in erhöhtem Maße von einer fortificatorisch hergerichteten Bahnhof-Einfriedung erwarten, die bei entsprechender Höhe, Brechung der geraden Linien und Anbringung von Schießscharten, sowohl die erforderliche Deckung, als auch eine flankirende Vertheidigung gestattet.

Die Vertheidigung eines Bahnhofes aber, welcher nicht mit einer soliden Umfassung abgeschlossen ist, würde sehr bald auf die Vertheidigung der Gebäude selbst beschränkt sein, ein Fall, der für den militärisch-technischen Zweck schon sehr mißlich erscheint.

Wird die früher hervorgehobene Unterscheidung hinsichtlich des zu gewärtigenden Angriffes festgehalten, so bestimmt zunächst die Lage eines Bahnhofes, was für Sicherheitsmaßregeln außer der oben besprochenen Absperrung des Stationsraumes noch getroffen werden müssen.

Während nämlich bei Bahnhöfen, die ein gutes Ziel für kühne Handstreiche bilden, wie z. B. an exponirten Grenzpunkten, desgleichen bei Eisenbahn-Stationsplätzen nächst großen, volkreichen Städten, mehr von Streifparteien und Volksaufständen zu besorgen ist, werden Bahnhöfe innerhalb des Vertheidigungsrayons von Festungen, verschanzten Lagern oder militärischen Positionen in der Regel mehr gegen Angriffe durch reguläre Truppen zu decken sein.

Unternehmungen der ersteren Art sind vornehmlich gegen den militärisch-technischen Zweck der Bahnhöfe gerichtet, die in einer entsprechenden Mauerumfassung wohl genügenden Widerstand finden; die Vertheidigung gegen Angriffe der letzteren Art aber erfordert schon eine förmliche Befestigung des betreffenden Objectes.

Bei Bahnhöfen, welche im fortificatorischen Rayon einer permanenten Befestigung liegen, müssen, wenn der Bahnkörper dammartig erhöht ist, beiderseits desselben Werke errichtet werden, damit ihn der Feind nicht als deckenden Gegenstand bei seiner Vorrückung benützen könne.

Ob diese Werke nur passager oder im permanenten Style zu erbauen sind und in wieferne sie auch zur unmittelbaren Deckung des Stationsraumes beitragen sollen, dieß hängt von der Oertlichkeit ab; jedenfalls aber muß getrachtet werden, womöglich beide Zwecke, nämlich Bestreichung des Bahndammes und Deckung des Bahnhofes, gleichzeitig zu erreichen.

Wo jedoch die Gestaltung des Terrains Angriffe auf den Bahnhof von mehreren Seiten begünstiget, muß auch die Befestigung demgemäß angeordnet sein, und man bedient sich alsdann am besten der gemauerten Blockhäuser, welche bei geringer Besatzung den längsten Widerstand verbürgen.

Größere Eisenbahn-Stationsplätze, welche in den Bereich einer wichtigen Stellung fallen, werden gewöhnlich erst im Bedarfsfalle, und zwar nur feldmäßig zur Vertheidigung hergerichtet; nichts destoweniger soll aber schon bei der Anlage darauf Rücksicht genommen werden, daß selbe auf solche Punkte kommen, wo die Vertheidigung durch die Gestaltung des umliegenden Terrains nicht behindert wird.

Feldmäßig sind auch jene Bahnhöfe zu decken, welche an Grenzstrecken liegen, die vom Gesichtspunkte der Landesvertheidigung im Großen zwar keine entscheidende, demungeachtet aber eine gewisse hervorragende militärische Bedeutung besitzen.

Die Vertheidigungs-Instandsetzung solcher Bahnhöfe findet alsdann ebenfalls erst bei Ausbruch des Krieges, deren Besetzung aber nicht früher statt, als bis die Annäherung des Feindes auf diesem Punkte wirklich zu besorgen steht.

Sind in der Nähe gute Stellungen vorhanden, welche den einzigen Zugang zu dem bedrohten Bahnhofe absperren, dann entspricht die Besetzung und Vertheidigung derselben dem Zwecke jedenfalls besser als die unmittelbare Vertheidigung des Bahnhofes selbst, vorausgesetzt jedoch, daß die Ausdehnung der Stellung keine größere Truppenzahl erfordert, als an diesem Punkte möglicherweise verfügbar sein wird.

Als Beispiel möge der wegen seiner ausgedehnten Maschinen-Werkstätten und Magazine, dann als Theilungspunkt der beiden Bahnlinien über Olmütz oder Brünn nach Wien sehr wichtige Bahnhof von Böhmisch-Trübau dienen. Der Südspitze des Glatzer Kessels gegenüber, wo die preußische Landesgrenze in einem ausspringenden Winkel bis auf eine Entfernung von 3 1/2 Meilen hervortritt, befindet sich dieser Bahnhof in sehr exponirter Lage.

Er ist von keiner soliden Einfriedung umgeben, könnte daher eintretenden Falles nur durch passagere Befestigungen oder durch Besetzung der 1 1/2 Meilen östlich (auf der kürzesten Anmarschlinie des aus dem Glatzer Kessel vorbrechenden Gegners) liegenden Stellung von Landskron gedeckt werden. Diese erfordert aber mindestens 8 Bataillons, 8 Escadrons und 2 Batterien, eine Truppenmenge, welche für den beabsichtigten Zweck daselbst wohl kaum zur Verfügung stehen wird.

Hieraus erhellt, wie wünschenswerth es in Anbetracht der gefährlichen Lage dieses Bahnhofes wäre, wenn derselbe schon derzeit durch eine fortificatorisch angelegte Mauerumfassung abgeschlossen würde, was um so mehr nothwendig erscheint, als durch die Besetzung der Stellung von Landskron keineswegs alle Zugänge zum Trübauer Bahnhofe gedeckt sind und einzelne Streif-Commanden besonders zur Nachtzeit, ungeachtet der bei Landskron stehenden Truppen, auf Umwegen den Bahnhof erreichen, denselben überrumpeln und das daselbst aufgehäufte Betriebsmateriale vernichten könnten.

Aehnliche Rücksichten, wenn auch unter anderen Verhältnissen, treten bei Bahnhöfen ein, die sich in der Nähe großer Städte befinden, deren Bevölkerung zu Aufständen geneigt ist.

Die Sicherung solcher Bahnhöfe muß übrigens schon in der Allarm-Disposition der Garnison vorgedacht und die Truppen-Abtheilungen in voraus bestimmt werden, welche im Falle ausbrechender Unruhen den Bahnhof sogleich zu besetzen haben.

Es handelt sich aber oft darum, den Stationsraum bis zum Eintreffen dieser Truppen, was immerhin einige Zeit brauchen wird, zu schützen, und dieser Schutz kann ebenfalls nur durch eine solide Mauerumfassung erreicht werden, deren Eingänge leicht, schnell und sicher zu verschließen sind.

Die Abschließungsmauer bildet daher unter allen Verhältnissen das wichtigste und zweckmäßigste Sicherungsmittel der Bahnhöfe.

Ob Häusergruppen, welche dem Stationsplatze vorliegen, in die Vertheidigung einzubeziehen sind, hängt theils von ihrer Stellung, Entfernung und von dem Umstande ab, ob durch ihre Besetzung die Annäherung des Gegners ohne gefährliche Zersplitterung der eigenen Truppen verhindert werden kann, theils auch von dem zur Disposition stehenden Truppenquantum.

Besteht der ausgesprochene Zweck einer Bahnhof-Vertheidigung in der Sicherung des Betriebsmateriales, so wird die Vertheidigung, wo sich die Gelegenheit im Terrain dazu ergibt, schon außerhalb des Stationsraumes zu beginnen und mit der Besetzung des Bahnhofes selbst als Reduit zu schließen haben, um das feindliche Geschützfeuer so lange als möglich von den zu deckenden Objecten fern zu halten.

Im Gegensatze hiezu wird die Vertheidigung eines Bahnhofes in rein taktischer Absicht hauptsächlich nur auf die Umfassung und auf die sonst noch zur Vertheidigung geeigneten Objecte beschränkt bleiben, wobei die Betriebsobjecte und das vorhandene Materiale, wie bereits erwähnt, erforderlichen Falles selbst als Deckungsmittel benützt werden können.

IX. Abschnitt.

Militärische Recognoscirung von Eisenbahnen.

Die militärische Recognoscirung von Eisenbahnen kann in verschiedener Absicht stattfinden, und zwar um:

A. ihre Leistungsfähigkeit für den Truppentransport, oder

B. jene Verhältnisse, welche sich auf die Unbrauchbarmachung und Zerstörung der Bahn im Kriege beziehen, oder endlich

C. die taktischen Eigenschaften der Bahn und ihrer Umgebung, sowie ihre Eignung als Bewegungslinie für marschirende Truppen der verschiedenen Waffengattungen kennen zu lernen und zu beschreiben.

Bei Erhebung der unter A und B bemerkten Verhältnisse wird man des Beistandes technischer Organe der betreffenden Bahn nicht leicht entbehren können; dagegen gehört die Schilderung der unter C begriffenen, rein militärischen Zustände in den Bereich der gewöhnlichen Terrainrecognoscirungen, welche von den hiezu berufenen Officieren selbstständig geliefert werden können.

ad A. Der II. Abschnitt enthält eine ausführliche Erörterung der Bedingungen, von welchen die militärische Leistungsfähigkeit der Eisenbahnen abhängt, gewährt also alle erforderlichen Anhaltspunkte, um die Recognoscirung einer Bahn in der in Rede stehenden Richtung erschöpfend durchführen zu können.

Der Recognoscent wird aber, namentlich bei Besichtigung fremdländischer Bahnen, nicht immer in der Lage sein, in alle dort angegebenen Einzelnheiten einbringen zu können; in solchen Fällen muß er trachten, wenigstens soviel in Erfahrung zu bringen, um zunächst über das beiläufige Leistungsvermögen der betreffenden Bahn ein möglichst verläßliches Urtheil zu gewinnen.

Die wichtigsten Einzelnheiten, auf deren genaue und ausführliche Erhebung es bei der Recognoscirung von Eisenbahnen, in der Absicht ihre militärische Leistungsfähigkeit kennen zu lernen, hauptsächlich ankömmt, sind folgende:

1. Länge der zu recognoscirenden Strecke unter Angabe des Anfanges und Endpunktes;

2. Stationen und Ausweichstellen in ihrer Aufeinanderfolge und mit Angabe ihrer Entfernung von einander;

3. ob die Bahn eingeleisig oder doppelspurig, ferners in welchen Theilen und auf welche Ausdehnung sie eines oder das andere ist;

4. ob starke Steigungen oder Krümmungen vorkommen. Stärkstes Steigungsverhältniß, kleinster Krümmungs-Halbmesser. Vorspannsstrecken, wo und wie lange. Maschinenwechsel-Stationen.

Die Steigungs- und Krümmungsverhältnisse sind aus den bei den Bahnverwaltungen vorhandenen Längen-Profilplänen, erstere auch aus den gewöhnlich längs der Bahn aufgestellten Profiltafeln zu ersehen.

5. Ob sich der Bahnkörper im vollkommen betriebsfähigen Zustande befindet, was angenommen werden kann, wenn die Bahn seit lange im Betriebe steht, ohne daß bedeutende Reparaturen vorkamen.

Ueber bedeutende Ausbesserungen, die in nächster Zukunft vielleicht nothwendig werden könnten, werden die Aufsichtsorgane am besten Auskunft zu geben vermögen.

6. Art der Wasserversorgung in den zum Speisen der Locomotiven bestimmten Stationen. Ob durch Hebung des Wassers aus natürlichen Zuflüssen, mit Dampf- oder Handpumpen, durch Ansammlung desselben in Brunnen und Cisternen, oder endlich durch Zufuhr aus Nachbarstationen.

Wie viele Maschinen können im Durchschnitt auf den verschiedenen Wasserstationen innerhalb 24 Stunden, d. i. mittelst einer Tagesleistung der vorhandenen Wasserzuflüsse gespeist werden?

Beobachtung an Ort und Stelle, und Nachfragen beim Bahnpersonale sind die Mittel, um hierüber Auskünfte zu erlangen.

7. Die Einrichtung des Signalwesens der Bahn. Telegraphensystem. Ob Glocken-Signalapparate bestehen.

8. Die Beschaffenheit der Bahnhöfe:
   a) hinsichtlich ihrer Geräumigkeit zur Aufstellung und Bewegung der Militärzüge;

b) in Bezug auf Verladeplätze und Verladevorrichtungen;

c) wegen Adaptirung als Etappenstationen*).

ad a. Um die Geräumigkeit eines Bahnhofes zu beurtheilen, genügt die bloße Angabe des Flächenraumes, oder bei rechteckiger Figur der Länge und Breite nicht, weil den Maßstab für die gleichzeitig aufzustellenden Militärzüge nicht dieß, sondern die zweckmäßige Anlage und Menge der Geleise bildet.

Die Recognoscirung muß also nebst ersterem auch letzteres ins Auge fassen, wobei zu berücksichtigen ist, daß zwei durchlaufende, sogenannte Hauptgeleise stets für die ankommenden und abgehenden Züge frei gehalten werden müssen.

Ein Militärzug von 100 Achsen nimmt ungefähr 500 Schritte in der Länge ein; es wird demnach zu ermitteln sein, wie viele derlei Züge auf den Nebengeleisen aufgestellt werden können, ohne sich der Möglichkeit zu begeben, dieselben nach Erforderniß frei bewegen, beziehungsweise verschieben zu können.

ad b. Bei den Angaben über Verladeplätze und Vorrichtungen ist als maßgebend zu beachten, daß die Mannschaft keine besonderen Vorrichtungen zum Einsteigen in die Wagen bedarf, indem es genügt, wenn nur der nöthige Raum vorhanden ist, um zu denselben zu gelangen; während für Pferde und Fuhrwerke, sobald sie in größerer Anzahl zur Verladung kommen, nebst geräumigen Aufstellungsplätzen und guten Ab- und Zufahrten noch besondere Verladevorrichtungen gehören.

Der Recognoscent hat daher zu ermitteln, wie viele Wägen von den vorhandenen Rampen, Perrons, Gütermagazinen u. s. w. gleichzeitig verladen werden können, wobei selbstverständlich nur jene Stellen der genannten Verlademittel in Rechnung kommen, welche von entsprechenden Geleisen begleitet sind oder mit solchen im Bedarfsfalle leicht versehen werden können.

Da sich aber verschiedene Resultate ergeben, je nachdem man bei der Berechnung vier-, sechs- oder achträdrige Wagen annimmt, so erscheint es am zweckmäßigsten, der Berechnung die Länge vierrädriger Wagen zu Grunde zu legen, das Ergebniß aber in Achsen auszudrücken.

---

*) Die unter a) und b) berührten Punkte beeinflussen die Leistungsfähigkeit einer Bahn directe, jene unter c) aber in soferne, als die Art und Weise der Transportausführung dem entsprechend geregelt werden muß.

ad c. Hinsichtlich der Adaptirung eines Bahnhofes als Etappenstation wäre Nachstehendes zu erheben:

Sind geeignete Plätze zum Lagern und Abkochen der Truppe in der unmittelbaren Nähe des Bahnhofes vorhanden?

Befinden sich daselbst gedeckte Räume zum Schutze der Truppe gegen ungünstige Witterung oder könnten solche leicht hergestellt werden?

In welchem Maße eignen sich die Ortschaften im Umkreise einer Meile für die Bequartirung von Officieren, Mannschaften und Pferden?

Ist gutes Trinkwasser in genügender Menge vorhanden?

Befindet sich ein Militärspital in der Nähe und wo können Marodehäuser etablirt werden?

Wo ist das nächste Verpflegsmagazin, sind Räumlichkeiten zur Aufstellung einer provisorischen Verpflegsanstalt vorhanden?

Finden sich Localitäten in der Nähe zur Deponirung von Munitions- und Pulvertransporten?

9. Die vorhandenen Betriebsmittel, der Fahrpark oder Fahr-fundus instructus.

Der genaue Stand und die Beschaffenheit der Betriebsmittel an Locomotiven und Wagen kann nicht leicht anders als im Wege der Bahnorgane aus den Standesübersichten erhoben werden; wäre aber die Gelegenheit hiezu nicht gegeben, so muß der Recognoscent in anderer Weise bestrebt sein, so viele Daten als nur immer möglich zu sammeln, um der Beurtheilung zum wenigsten die nothwendigsten Behelfe zu liefern. Diese beziehen sich bei den Locomotiven vor Allem auf **Anzahl** und **durchschnittliches Leistungsvermögen**, bei Wagen auf **Anzahl**, **Fassungsvermögen**, **durchschnittliches Eigengewicht** jeder Wagengattung und **Tragvermögen** der verschiedenen Kategorien von Lastwagen.

Bei den meisten Bahnen sind Bezeichnungen der Locomotive und Wagen eingeführt, die bei ersteren den Namen und häufig auch das Nummero, bei letzteren: Nummero, Tragfähigkeit, Eigengewicht und Zahl der Sitzplätze entnehmen lassen.

Die Leistungsfähigkeit der Locomotive ist, wie schon im IV. Abschnitte bemerkt wurde, aus den fast allen Fahrordnungsbüchern beigefügten **Belastungstabellen** zu ersehen, kann aber auch aus den Stundenpässen der einzelnen Züge entnommen oder beim Maschinenpersonale in Erfahrung gebracht werden.

Sie ist sowohl in Centnern der Bruttolast als auch nach der Anzahl von Achsen anzugeben, welche eine mittlere Güterzugsmaschine im Durchschnitt mit der bei Militärzügen gebräuchlichen Fahrgeschwindigkeit fortschaffen kann; und es muß überdieß stets ausdrücklich bemerkt werden, auf welche Fahrgeschwindigkeit sich die ermittelte Leistungsfähigkeit der Maschine bezieht.

Um hinsichtlich der Fahrgeschwindigkeit allgemein giltige Werthe zu erhalten, ist für die betreffenden Angaben nicht eine vollkommen ebene Strecke der Bahn, sondern die ganze Bahn sammt Steigungen und Krümmungen als Grundlage der Berechnung anzunehmen *).

Nur wenn Steigungen vorkommen, für welche eigens construirte Gebirgsmaschinen aufgestellt sind, ist es nothwendig, deren Leistungsvermögen für die betreffende Gebirgsstrecke besonders anzugeben.

Die zur Berechnung des Fassungsvermögens der verschiedenen Wagengattungen erforderlichen Anhaltspunkte sind im II. und IV. Abschnitte enthalten, wobei nur noch zu bemerken ist, daß das Fassungsvermögen der bedeckten Güterwagen sowohl für den Mannschafts-, als für den Pferdetransport besonders ermittelt werden muß **).

Hat der Recognoscent Gelegenheit, die Ausmaßen der Lastwagen erheben zu können, so soll er auch dieß nicht verabsäumen.

Nebst dem gewöhnlichen Reparaturstande an Locomotiven und Wagen ist ferner noch zu wissen nöthig, in welchen Stationen sich Remisen, Holzhäuser oder Reparaturs-Werkstätten befinden, und wie viele Maschinen in den einzelnen Heizhäusern stationirt sind.

---

*) Braucht z. B. ein Zug mit Ausschluß der Betriebsaufenthalte b Stunden zur Zurücklegung der ganzen Bahnlänge von a Meilen, so ist die durchschnittliche Fahrgeschwindigkeit derselben $x = \frac{a}{b}$. Man wird demnach sagen, die betreffende Maschinenkategorie hat bei der Geschwindigkeit von x Meilen (in der Stunde) ein Leistungsvermögen von m Zollcentnern Bruttolast oder von n Achsen.

**) Siehe auch die Vorschrift für den Militärtransport auf österreichischen Eisenbahnen.

10. Angaben über die Gesinnung, Tüchtigkeit und Zulänglichkeit des Bahnpersonales, insbesondere Anzahl der Locomotivführer, einschließlig der geprüften Lehrlinge und der Conducteurs.

11. Der Anschluß der betreffenden Eisenbahn an Nachbarbahnen oder andere Militär-Transportlinien.

Bezüglich des Anschlusses an andere Bahnen ist zu erheben; ob eine directe Schienenverbindung besteht, ob gleiche und welche Spurweiten vorhanden sind. Können ganze Züge von einer auf die andere Bahn anstandslos übergehen, oder müßten die Wagen eines Zuges einzeln mittelst Drehscheiben oder Traject hinüber geschafft werden? In letzterem Falle ist zu bemerken, wie viel Zeit ungefähr zum vollständigen Uebergang eines Militärzuges von 100 Achsen erforderlich sein würde.

Da der Uebergang der Fahrbetriebsmittel auf Nachbarbahnen übrigens auch von der Construction der Wagen und Locomotive, sowie von den Durchfahrtsprofilen der zu recognoscirenden und der anstoßenden Bahn abhängt, so müssen auch diese Umstände erforscht und namentlich die Höhe und Breite der Wagen im Vergleich mit den Durchfahrtsprofilen der engsten und niedrigsten Objecte sorgfältig erwogen werden.

Steht die Bahn im Zusammenhange mit einer Dampfschifffahrtslinie, so ist zu ermitteln, ob Geschütze und Fuhrwerke directe von den Bahnwagen in die Schiffe und umgekehrt geschafft werden können, oder ob es nothwendig ist, die Bespannung der Fuhrwerke in Anspruch zu nehmen.

12. Die bisherigen Leistungen der Bahn im Militär-Transportwesen, wo bereits Erfahrungen vorliegen.

In dieser Beziehung wäre zu erheben:

a) Was konnte an Mann, Pferden und Geschützen oder Fuhrwerken mit einem Zuge fortgeschafft werden?

b) Wie viele Züge wurden durchschnittlich pr. Tag (in 24 Stunden) expedirt?

c) Die größte Tagesleistung, b. h. wie viel Mann, Pferde, Fuhrwerke und in wie vielen Zügen wurden im Maximum an einem Tage befördert?

Bei Pferde-Eisenbahnen ist nebst den allgemeinen, nicht ausschließlich nur auf den Locomotivbetrieb bezüglichen Angaben, insbesondere noch Folgendes zu erheben:

1. Die Fahrdauer eines Personen- und eines Lastzuges auf der ganzen Länge der Bahn bei der Maximalbelastung.

2. Die Anzahl Zugpferde, welche auf den einzelnen Haltstationen eingestellt sind.

3. Die Zusammensetzung der Züge, Wagenzahl und Wagengattungen; Fassungsvermögen, Tragfähigkeit und Eigengewicht jeder der letzteren. Bruttolast eines voll beladenen Zuges. Zugkraft bei der Maximalbelastung auf ebener Bahn und auf der größten Steigung.

4. Vorspannsstrecken.

5. In wieferne eignet sich die Bahn zur Einrichtung für den Locomotivbetrieb?

ad B. Mit Rücksicht auf das im VI. Abschnitte über Unbrauchbarmachung und Zerstörung von Bahnen Gesagte ist Folgendes zu erheben:

1. In welchen Bahnhöfen befinden sich geeignete Plätze zur Unterbringung größerer Mengen von Betriebsmitteln?

2. Wie ist der Oberbau beschaffen? Breite, Art der Schienenunterlage und Schienenverbindung, Geleisezahl.

3. Welches sind die für den beabsichtigten Zweck der Unbrauchbarmachung oder Zerstörung vorzüglich geeigneten Objecte des Unter- und Kunstbaues? Hiebei ist anzugeben:

Bei Dämmen von größerer Bedeutung: Länge, obere Breite, größte Höhe, Bodengattung, Böschungsverhältniß, Art und Materiale der Bekleidung der Seitenwände, Durchlässe für Gewässer und Wege.

Bei Einschnitten: ihre Länge, untere Breite, größte Tiefe; Böschungen der Seitenwände und ihre Bekleidung, Bodenart, Abfluß des Niederschlags- und Quellwassers.

Bei Gallerien oder bei freier Führung der Bahn längs Berglehnen und Abhängen: Länge dieser Strecken, größte Höhe und Neigungswinkel der Bergwände ober- und unterhalb der Bahnfläche, Erd- oder Gesteinsart und sonstige Beschaffenheit der Seitenhänge; Materiale, aus welchem die Gallerien erbaut sind.

Bei Tunnels: Länge, Höhe, Breite, Beschaffenheit des Bodens, in dem sie liegen, der Widerlager und Gewölbe; ob Luftschächte vorhanden sind u. dgl.

Bei großen Brücken und Viaducten: Länge, Material und Bauart; ob Sprengvorrichtungen vorhanden oder wo selbe anzubringen wären. Zahl und Stärke der Unterstützungen, Weite der Spannungen, Bauzustand.

4. Bei Trajectanstalten, ob sie mit Dampf- oder gewöhnlichen Schiffen betrieben werden. Hebeapparate.

5. Wo können Werkzeuge und Arbeitskräfte requirirt werden, in welcher Anzahl?

ad C. Bei Beurtheilung der Brauchbarkeit eines Bahnkörpers als Bewegungslinie für marschirende Truppen aller drei Waffengattungen ist zu berücksichtigen:

1. Die Beschaffenheit des Bodens, aus welchem der Bahnkörper gebildet wurde.

2. Die Breite des Oberbaues, ob neben den Geleisen Raum für Straßen-Fuhrwerke vorhanden ist oder ob diese mit einem Rade innerhalb der Schienen fahren müssen. Ob Längen- oder Querschweller bestehen; ist der Raum zwischen letzteren ausgefüllt, die Bahn eingeleisig oder doppelspurig?

3. Besitzen die Ueberbrückungen eine vollständige Decke oder sind sie nur zwischen den Schienen gedielt?

4. Wird die Bahn der ganzen Länge nach von Straßen oder Wegen begleitet, auf welchen Cavallerie und Artillerie fortkommen kann, oder finden sich wenigstens auf jenen Stellen derlei Seitenwege, wo der Bahnkörper für das Fortkommen von Pferden und Fuhrwerken weniger geeignet ist?

In taktischer Hinsicht überhaupt ist die Beschaffenheit des Terrains längs der Bahn militärisch zu beschreiben und hiebei insbesondere zu bemerken:

1. Wo die Bahn im Niveau des natürlichen Bodens, in Einschnitten oder Tunnels, oder auf Viaducten und Dämmen geführt ist.

2. Wo sich Befestigungen, Positionen, kleinere Aufstellungen, Halt- oder Sperrpunkte, wichtige Fluß- oder Gebirgsübergänge befinden und in welcher Weise dieselben von der Bahn berührt werden.

3. Ob Kreuzungen mit anderen Communicationen im gleichen Niveau vorkommen.

4. In wieferne sich die Bahnhöfe, insbesondere die Haupt- und Grenzstationsplätze zur Besetzung und Vertheidigung eignen, was zu ihrer Sicherung vorzukehren wäre, endlich die Belagsfähigkeit der Stationsgebäude für besondere Fälle.

Die übrigen Einzelnheiten, auf welche sich die Recognoscirung einer Eisenbahn in rein taktischer Absicht erstrecken muß, können aus anderen Stellen dieser Abhandlung leicht abgeleitet werden; sie gehören übrigens zum größten Theile in den Bereich der gewöhnlichen Terrain-Recognoscirungen, auf welche hier einzugehen nicht der Ort ist.

Anhang.

Telegraphie und Signalwesen.

Telegraphie.

Die gebräuchlichsten Telegraphen-Apparate beim Eisenbahnbetrieb sind: Der Nabeltelegraph von Bain und der Drucktelegraph von Morse. Bei beiden wirkt die elektrische Kraft auf einen entsprechend eingerichteten Mechanismus derart, daß wahrnehmbare Zeichen gegeben und abgenommen werden können.

Nabeltelegraph von Bain.

Die Construction des Bain'schen Nabelapparates beruht auf dem Naturgesetze der Ablenkung einer Magnetnadel durch den elektrischen Strom. Leitet man nämlich durch einen in der Nähe einer Magnetnadel befindlichen Metalldraht den elektrischen Strom, so wird die Nadel aus ihrer normalen Richtung entweder nach rechts oder nach links abgelenkt, je nachdem der die Electricität leitende Metalldraht sich ober- oder unterhalb derselben befindet.

Die gleiche Erscheinung tritt ein, wenn der elektrische Strom in der Richtung von links nach rechts oder umgekehrt in dem leitenden Metalldrahte zieht; durch die entsprechende Construction von Magnetstäben und angemessene Führung des elektrischen Stromes wird daher ermöglicht, wahrnehmbare Zeichen in erforderlicher Anzahl hervorzubringen.

Der gegenwärtig im Gebrauche stehende Nabelapparat (Beilage 9, Fig. 1) ist nach dem Principe des von Alex. Bain in Edinburg erfundenen Nabeltelegraphen construirt und nur in einzelnen Theilen den Erfahrungen gemäß verbessert.

In einem Gehäuse AA befinden sich zwei Multiplicationsrollen CC (hohle Eisencylinder, welche zum Zwecke der Stromverstärkung mit isolirten Drahtwindungen umwickelt sind) und zwei halbkreisförmige Magnete DD, deren gleichnamige Pole SS und NN innerhalb der Multiplicationsrollen einander nahestehen ohne sich zu berühren und die, durch einen Messingstab E mit einander verbunden, um eine gemeinschaftliche Achse F im Mittelpunkte der beiden Halbkreise drehbar sind. An derselben Achse F ist nach vorne zu auf einem aus dem Gehäuse hervortretenden Messingarme G der Hammer befestigt, welcher bei der Bewegung der Magnethalbkreise nach rechts oder links abwechselnd auf eine der beiden außerhalb des Gehäuses angebrachten Glocken I und V. anschlägt.

Ober dem Gehäuse ist noch ein Magnetstab (Richtmagnet) angebracht, welcher dazu dient, durch seine Influenz die im Gehäuse befindlichen Magnete während der Ruhelage in der Mittellinie der Multiplicationsrollen zu halten. Der ganze in Rede stehende Mechanismus heißt Indicator.

Wenn nun der elektrische Strom die Multiplicationsrollen des Indicators in einer bestimmten Richtung, z. B. von links nach rechts durchzieht, so geschieht auch eine Ablenkung des aus den zwei Halbkreisen gebildeten Magnetsystems von links nach rechts, und der damit verbundene Hammer schlägt an die Glocke rechts.

Durchläuft der Strom die beiden Multiplicationsrollen in umgekehrter Richtung, so geschieht auch die Ablenkung nach entgegengesetzter Seite und der Hammer schlägt an die Glocke links.

Um die Richtung des elektrischen Stromes schnell nach rechts oder links wechseln zu können, bedarf es eines besonderen Mechanismus, den man Commutator oder Stromwender nennt. Dieser besteht im Wesentlichen darin, daß zwei fixe Punkte abwechselnd mit einem dritten und vierten Punkte rasch in leitende Verbindung gesetzt werden können.

Seien 1 und 2 als fixe Metallpunkte der kurbelartig beweglichen Metallarme a a mit den Enden der Multiplicationsrollen bei den Klemmen b b, und die metallischen Flächen 3 und 4 mit den Polen einer galvanischen Batterie B in leitender Verbindung, so gelangt der elektrische Strom, vom Punkte x der Batterie ausgehend, von der rechten Seite in den Apparat, sobald der bewegliche Arm des Punktes 1 auf Platte 4 und jener des Punktes 2 auf Platte 3 geschoben wird.

Schiebt man aber den Metallarm des Punktes 1 auf Platte 3 und jenen des Punktes 2 auf Platte 4, so gelangt der elektrische Strom, vom Punkte x der Batterie ausgehend, von der linken Seite in den Apparat. Im ersten Falle geschieht das Ablenken des Magnetsystems und des Hammers nach rechts; es wird somit die rechts befindliche Glocke getroffen, während im zweiten Falle bei der entgegengesetzten Ablenkung des Magnetsystems die links stehende Glocke berührt wird.

Da aber bei dem eben beschriebenen Mechanismus des Commutators das Wechseln der Verbindung nicht mit genügender Schnelligkeit ausgeführt werden konnte, so hat man statt der beweglichen Arme in den Punkten 1 und 2 metallische Taster angebracht, die durch das Heben mit der Platte 3 und durch das Niederdrücken mit der Platte 4 in leitende Verbindung treten.

Eine jede Ablenkung des Hammers nach rechts oder links dauert so lange, als man den in derselben Richtung laufenden Strom durch das Heben des Tasters nicht unterbricht; man ist somit im Stande, auch durch das kürzer oder länger anhaltende Niederdrücken jedes der beiden Taster ein kürzeres oder längeres Zeichen zu geben. Indem dieß sowohl an der Glocke rechts als links wahrnehmbar gemacht werden kann, erhält man vier Zeichen, nämlich: kurzer Schlag auf der Glocke links (1)

    „   „   „   „   „   rechts (5)

langer   „   „   „   „   links (2)

    „   „   „   „   „   rechts (6).

Die Combinationen dieser vier Ziffern zu Amben oder Ternen geben die Zahlen und Buchstaben des nachstehenden Bain'schen Telegraphen-Alphabets:

Zahlen	Alphabet in Amben				
1, 2, 3, 4, 5 11, 15, 51, 55, 12	a 12	b, p 22	c, z 26	d, t 52	ä, e, ö 21	f, v 56
6, 7, 8, 9, 0 21, 16, 61, 25, 52	g, k 65	h, ch 15	i, j, y, ü 16	l 62	m 66	n 11
	o 61	r 51	s, ss 55	u, w 25	q 65 25	x 65 55

Alphabet in Ternen									
a	b	c	d	e	f	g	h	ch	i
121	221	261	521	211	561	651	151	155	161
j	k	l	m	n	o	p	q	r	ſ, s
165	655	621	661	111	611	225	652	511	551
sz	t	u	v	w	x	y	z	ä	ö	ü
555	525	251	565	255	656	162	265	125	615	252

Drucktelegraph von Morse.

Sowie die Magnetnadel aus ihrer normalen Richtung abgelenkt wird, wenn nahe an derselben ein mit elektrischem Strome gefüllter Metalldraht vorüberzieht, so wird auch ein weiches Eisenstäbchen zu einem Magnete umgewandelt, sobald man es mit einem durch Seide oder Wolle isolirten Draht umwickelt und diesen mit elektrischem Strome ladet, wo es dann so lange magnetisch bleibt, als der elektrische Strom durch den Draht geleitet wird.

Man nennt ein derartiges, mit isolirtem Metalldraht umwickeltes und durch Hineinleitung des elektrischen Stromes magnetisirtes Eisenstück einen Elektromagnet.

Hört der elektrische Strom auf, in dem Metalldrahte zu circuliren, so hört auch das Eisenstück auf, ein Magnet zu sein.

Auf diesem Naturgesetze beruht die Construction des Morse'schen Drucktelegraphen, dessen Wirkung sich der Hauptsache nach dahin äußert, daß ein Eisenstab — Anker genannt — kürzer oder länger dauernd von einem Elektromagneten angezogen, je nach Bedarf ein kurzes oder langes Zeichen in Gestalt eines Punktes oder Striches auf einen Papierstreifen eindrückt.

Der hiezu dienende Apparat besteht in seinen Grundformen aus zwei Haupttheilen, nämlich:

I. dem Schreibmechanismus zum Aufnehmen, und
II. dem Taster zum Geben der Zeichen.

Der Schreibmechanismus, Beilage 9, Fig. 2 und 3, wird gebildet aus:

1. Den Elektromagneten a a, aus deren Rollen die Eisenkerne b b nach oben hervorragen.

2. Dem Hebel h h, der um seine Achse d d beweglich, an einem Ende den Anker k k trägt und an dem andern Ende mit dem Schreibstifte f versehen ist.

3. Einer Unterlage c für das Papier, auf welcher der Schreibstift die Zeichen fixirt, und

4. dem Räderwerke, welches die fortlaufende Bewegung des Papierstreifens hervorbringt.

Sobald der elektrische Strom durch seine Circulation die Elektromagnete afficirt, wird der eiserne Anker k k an die Eisenkerne b b niedergezogen und drückt gleichzeitig den auf dem andern Ende des Hebels angebrachten Schreibstift f an die Unterlage c, wodurch sich auf dem daselbst fortlaufenden Papierstreifen ein kurzes oder langes Zeichen einprägt, je nachdem der Anker kürzer oder länger von den Elektromagneten angezogen bleibt.

Wird nach der Unterbrechung des elektrischen Stromes der Anker von den Elektromagneten weggezogen, was eine Spiralfeder g bewirkt, so verläßt auch der Schreibstift den fortlaufenden Papierstreifen und es entsteht an diesem, bis zum Erscheinen eines zweiten Zeichens, ein leerer Zwischenraum.

Die Möglichkeit zwei telegraphische Zeichen, nämlich den Strich und den Punkt in beliebigen Zwischenräumen darzustellen, bildet die Grundlage der telegraphischen Verständigung mittelst des Morse'schen Apparates, indem sich durch die verschiedenen Combinationen derselben nicht nur alle Buchstaben und Zahlen, sondern auch sämmtliche Interpunktionen, sowie viele Phrasen geben und abnehmen lassen.

Zum Schreibmechanismus gehörig, wenn auch nicht einen Bestandtheil desselben bildend, ist der Relays, Beilage 9, Fig. 4, ein Instrument, bei welchem derselbe Ankerhebel und derselbe Elektromagnet vorkömmt wie bei ersterem, und das sich von diesem nur dadurch unterscheidet, daß anstatt des Schreibstiftes mit Papierwalze ꝛc. eine einfache Contact-Vorrichtung a angebracht ist. Der Zweck dieses Instrumentes besteht in der Verstärkung des aus größerer Entfernung kommenden Stromes, welcher sonst nicht kräftig genug wäre, um den Schreibstift entsprechend stark in den Papierstreifen einzudrücken. Dasselbe erfüllt seinen Zweck, indem der von einer Nachbarbatterie ausgehende Strom zuerst zu den Elektromagneten des Relays gelangt, durch Magnetisirung derselben die Anziehung des Ankers bewirkt, und mit dem auf die weiter unten angegebene Weise hergestellten Contact die eigene (Local-) Batterie in Thätigkeit setzt. Nun ist es nicht mehr der durch einen langen Schließungsbogen geschwächte Strom der Nachbarbatterie, sondern der mittelst des Relays angeregte Strom der Localbatterie, welcher mit Hilfe entsprechender Drahtverbindungen auf den Schreibmechanismus wirkt und stets kräftig genug ist, um deutliche Zeichen in den Papierstreifen einzuprägen.

Der Contact erfolgt, indem das eine Ende des Hebelarmes, der in der Ruhelage an dem isolirenden Elfenbeinstift a lehnt (wobei die leitende Verbindung unterbrochen ist), durch das Eintreten eines von auswärts kommenden Stromes in die Elektromagnete des Relays, vermöge der Anziehung des Ankers, mit dem leitenden Schraubenstift β in Berührung kömmt und weiters mittelst Drahtverbindung I die Anregung der Localbatterie bewirkt.

Zum Geben der Schriftzeichen mittelst des Morse'schen Apparates ist der zweite Haupttheil, nämlich der Taster, Beilage 9, Fig. 5, erforderlich, um den elektrischen Strom leicht schließen und wieder unterbrechen zu können.

Derselbe besteht aus einem einfachen Hebel H, der in einer Drehachse o mit dem Telegraphendrahte der Linie in metallischer Verbindung steht, und bei seiner Bewegung um die Drehachse bald mit dem Punkte m, bald mit dem Punkte n, welche Contactpuncte heißen, in leitende Berührung tritt.

Vom Punkte m führt eine Drahtverbindung zur eigenen Batterie, vom Punkte n hingegen zum Apparate.

Drückt man nun den Taster beim Kopfe w nieder, so wird die Verbindung b' mit b aufgehoben, dagegen aber die Verbindung des Amboßes c mit dem Metallansatze c' und somit auch von Klemme 2 mit Klemme 3 durch das leitende Metall des Tasters selbst hergestellt.

In dieser Lage des Tasters ist der eigene Schreibmechanismus, welcher durch Drahtleitung mit Klemme 1 in Verbindung steht, ausgeschlossen; dafür wird der Strom aber aus der eigenen Batterie angeregt und durch eine Drahtleitung in Klemme 2 zu den anderen Stationen der Linie geführt, so daß dort Zeichen entstehen, und zwar Striche wenn länger gedrückt wurde, Punkte wenn der Druck nur ein momentaner war.

Beim Empfangen von Zeichen bleibt der Taster in Ruhe; es ist dann Klemme 2 mit 1 durch das leitende Metall des Tasters verbunden und der von anderen Stationen bei 2 eintretende Strom tritt bei 1 wieder aus dem Taster, um zum Schreibmechanismus des eigenen Apparates zu gelangen, was dann dessen Thätigkeit zur Folge hat, wie dieß schon früher gezeigt wurde.

Vergleicht man die eben besprochenen Eigenthümlichkeiten der beiden Telegraphensysteme von Bain und Morse, so zeigt sich, daß letzteres unbestreitbar überwiegende Vortheile vor ersterem besitzt, und zwar bestehen diese:

1. In der weit größeren Schnelligkeit der Correspondenz, daher in einer verhältnißmäßig bedeutenderen Leistungsfähigkeit. Man kann in derselben Zeit mit dem Morse'schen Apparate neunmal mehr Zeichen geben als beim Bain'schen.

2. In der Fixirung der Zeichen, wodurch sich eine Controle herstellen läßt.

3. In dem leichteren Abnehmen der Depeschen, welches mit Hilfe des nachstehenden Schlüssels auch für Nicht-Telegraphisten möglich ist.

Alphabet.

A	·—	I	··	R	·—·
Ä	·—·—	J	·———	S	···
B	—···	K	—·—	T	—
C	—·—·	L	·—··	U	··—
D	—··	M	——	Ü	··——
E	·	N	—·	V	···—
F	··—·	O	———	W	·——
G	——·	Ö	———·	X	—··—
H	····	P	·——·	Y	—·——
CH	————	Q	——·—	Z	——··

Zahlen.

1	·————
2	··———
3	···——
4	····—
5	·····
6	—····
7	——···
8	———··
9	————·
0	—————

Anmerkung.

1. Länge eines Striches = 3 Punkten.   2. Der Zwischenraum der einzelnen Zeichen eines Buchstabens = 1 Punkt.
3. Der Raum zwischen je 2 Buchstaben = 3 Punkten.   4. Der Raum zwischen je 2 Worten = 6 Punkten.

Interpunktionen.

Punkt	.	·–·–·–
Strichpunkt	;	–·–·–
Beistrich	,	·–·–·
Doppelpunkt	:	–––···
Klammern	( )	–·––·–
Fragezeichen	?	··––··
Ausrufungszeichen	!	––··––
Bindestrich	-	–····–
Apostroph	'	·––––·
Bruchstrich	/	–··–·
Anführungszeich.	„ "	·–··–·
Unterstreichungszeichen		··––·–
Alinea (Absatz)		·–·–·
Pluszeichen	+	·–·–·
Minuszeichen	–	–···–
Multiplikationsz.	×	–··–

Phrasen.

Aufruf	·–·–·
Circulare	··–·–·–
Schluß	···–·–
Verstanden	···–·
Nicht verstanden	··········
Warten	·–···
Dringend	–––
Sehr dringend	––– –––
Amtsdepesche	·–
Staatsdepesche	···
Privatdepesche	·–··
Betriebsdepesche	–···

4. In der Einrichtung der sogenannten Uebertragungs- oder Translations-Stationen, wodurch mittelst einer eigenthümlichen Draht- und Contactvorrichtung auf jede Entfernung directe corresponbirt werden kann, ohne die Mitwirkung der zwischenliegenden, an der Depesche unbetheiligten Stationen in Anspruch zu nehmen.

Das Bain'sche System gewährt keinen dieser höchst wichtigen Vortheile; allein es erhält sich noch immer, besonders auf kurzen Eisenbahnstrecken in Anwendung, weil:

1. die verschiedenartigen Störungen, namentlich jene der atmosphärischen Elektricität, die Telegraphen-Correspondenz weniger benachtheiligen;

2. die Behandlung der Telegraphen-Apparate weniger Geschicklichkeit erfordert, und

3. die Anschaffungs- und Erhaltungskosten bedeutend geringer sind wie beim Morse'schen Telegraphen.

Signalwesen.

1. Elektromagnetische Glockensignale.

Die Construction des elektromagnetischen Glockenapparates beruht auf demselben Principe wie jene des Morse'schen Schreibapparates, d. i. auf der Anziehung eines eisernen Ankers durch den Elektromagneten, sobald durch letzteren der elektrische Strom geleitet wird, und auf dem Aufhören dieser Wirkung mit dem Aufhören des Stromes.

Beim Glockenapparate wird die Kraft eines Elektromagneten zur Auslösung eines damit verbundenen Weckerwerkes benützt, dessen Hammer durch Räder, Hebel und Gewichte bewegt wird. In jedem Wächterhause und auf allen Stationen befinden sich derlei Glockenapparate, die mittelst einer eigenen Drahtleitung in leitender Verbindung stehen.

Die Construction der Apparate ist verschieden, je nachdem der elektrische Strom beständig durch den Draht circulirt und die Auslösung des Weckerwerkes durch die Unterbrechung desselben bewirkt wird, oder umgekehrt der elektrische Strom erst im Momente des Zeichengebens angeregt werden soll. Ueberdieß sind die Apparate in den Wächterhäusern auch größer und massiver gebaut als jene in den Stationen, weil erstere einer bedeutenderen Kraftentwicklung bedürfen um die am Dache des Wächterhaufes befindlichen Glocken von 10—15″ Durchmesser weitaus ertönen zu laſſen; während letztere nur den Zweck haben, den am Telegraphen-Apparate beschäftigten Beamten aufmerksam zu machen.

Die Hauptbestandtheile jedes elektromagnetischen Glockenapparates ſind: das Wecker- (Trieb-) werk mit dem Elektromagneten, der Leitungsdraht und die Glocke.

Die Strom erzeugenden Batterien befinden ſich entweder in den Stationen — wie in Oeſterreich — oder ſie ſind in den Wächterhäuſern angebracht.

Fig. 6, Beilage 9, soll die Construction eines Wächterhaus-Apparates versinnlichen.

Die Auslöſung des Triebrades geschieht durch die Unterbrechung des elektrischen Stromes, indem hiedurch der Anker A, der im gewöhnlichen Zustande vermöge der conſtanten Strömung vom Elektromagneten E angezogen iſt, im Momente der Unterbrechung losgelaſſen wird, und hiebei mittelst der Spiralfeder s die Bewegung der Metallflügel ff derart bewirkt, daß ſich der an dem längeren Hebelarme B' angebrachte prismatische Stift i von dem Flügel f aushebt. Hiedurch wird aber der Hebelarm B' frei, der andere Hebelarm B, der schwerer ist, schlägt den kleinen Hebel C nach abwärts und veranlaßt auf dieſe Weiſe mittelbar das geräuschvolle Umschlagen des Windflügels WW' und die Auslöſung des Weckerwerkes. Dieſes bewirkt nun mittelst einer Drahtleitung, die zum Hammer der am Dache des Wächterhaufes befindlichen Glocke führt, das Aufziehen und Niederfallen des Hammers auf die Glocke, wodurch ein weittönender Glockenschlag hervorgebracht wird.

Da die Glockenſchläge in beliebigen Intervallen und in erforderlicher Anzahl wiederholt werden können, so läßt ſich ähnlich wie beim Bain'ſchen Telegraphen-Apparate eine Reihe von Zeichen combiniren, welche für die, den Bahnwächtern zu gebenden Verständigungen vollkommen ausreichen. Dieſe Combinationen ſind aber noch ſo verſchieden, daß eine nähere Bezeichnung derſelben dermalen nicht weſentlich erscheint.

Zur Zurückführung des Hebels BB' in die Ruhelage dient das Rädchen L, an deſſen Achſe der Stift G befeſtiget iſt, welcher das Ende des Hebelarmes B, so oft ein Glockenschlag bewirkt wurde, nach abwärts drückt, wobei der prismatische Stift wieder von dem beweglichen Flügel f erfaßt wird.

Das ganze mittelst Gewichten zum Aufziehen eingerichtete Weckerwerk wird aber dadurch zum Stillstande gebracht, daß das massive Ende des bereits erwähnten Hebels C rechtzeitig in einen passenden Ausschnitt des Blechrades R einfällt.

Die Limitations-Schrauben m und n sind bestimmt, die Bewegung des Ankers nach beiden Seiten zu reguliren. Jene m hat in Verbindung mit der Spiralfeder s insbesondere den Zweck zu verhüten, daß der Anker A den Elektromagneten E nicht unmittelbar berühre, was nicht stattfinden darf, weil sonst wegen des zurückbleibenden Magnetismus die Spiralfeder s nicht genug Kraft besäße, um den Anker bei der Unterbrechung des Stromes wegzuziehen.

Die zum gleichen Constructionssystem gehörigen Apparate der Stationen sind nebst ihren geringeren Dimensionen hauptsächlich dadurch von den eben beschriebenen verschieden, daß die Glocke unmittelbar am Apparate sitzt, und daß dieser selbst nicht auf eisernen Mauerhaken an der Wand hängt, sondern am selben Tische aufgestellt ist, wo sich der Morse'sche Telegraphenapparat befindet.

Sowie beim Morse'schen Schreibapparate geschieht das Schließen und Oeffnen des elektrischen Stromes auch beim Glockenapparate durch eine Tastervorrichtung, womit die Stationen und Wächterhäuser versehen sind, um sowohl die regelmäßigen Signale von ersteren aus ertheilen, als auch Hilfssignale von jedem Wächterhause erlassen zu können.

Das Geben von Hilfssignalen kann übrigens auch durch Unterbrechung des Leitungsdrahtes an irgend einer Stelle und durch Wiedervereinigung bewirkt werden*).

2. Optische Signale.

Die beim Bahnbetriebe üblichen optischen Signale sind dreifacher Art:

1. solche durch die der ganzen Bahnlinie gewisse Ereignisse, wie das Kommen und Ausbleiben eines Zuges, das Bewegen desselben auf einem ungewöhnlichen Geleise ꝛc., angedeutet und durch welche zugleich von den

---

*) In neuerer Zeit ist der Versuch gemacht worden, Glockenapparate aufzustellen, welche durch Einleitung des Stromes in Bewegung gesetzt werden, und wobei es möglich wird, die Batterie und den Draht auch für den Morse'schen Apparat zu benützen.

verschiedenen Punkten der Bahnlinie aus Verständigungen mit den nächstliegenden Stationen erzielt, Hilfsmaschinen herbeigerufen oder zurückgeschickt und Sperrungen des Geleises angegeben werden sollen;

2. solche durch welche ein örtlicher Zustand, regelmäßiges Verhalten oder Schadhaftigkeit des Geleises, Stellung der Wechsel, Drehscheiben, Wasserkrahne angedeutet wird;

3. endlich jene die zwischen den vorbeifahrenden Zügen und dem Bahnbewachungs- oder Arbeits-Personale ausgetauscht werden.

ad 1. Zur ersten Art der optischen Signale gehören:

a) die Arm- und
b) die Korb- } als Tagsignale,
c) die Nachtsignale.

Für alle drei dient ein Mast, an dem oben bei den Armsignalen zwei bewegliche 4—6' lange Flügel (Arme) angebracht sind, während bei den Korbsignalen roth angestrichene Körbe von 2—3' Durchmesser und eben solcher Höhe längs des Mastes auf- und abgezogen werden können.

Bei ersterem ergeben sich die Zeichen aus der Combination der Flügelstellungen, bei letzteren durch die Combination der vier zu jedem Maste gehörigen Körbe, von denen abwechselnd auf einer oder auf beiden Seiten des Mastes eine gewisse Anzahl bis an das obere Ende desselben aufgezogen werden.

Die bei den meisten Bahnen übereinstimmenden Combinationen sind:

a) Beim Armsignal:

⌐ Der Zug kommt auf dem rechten Geleise.

¬ „ „ „ „ „ linken „

⊤ „ „ der auf dem linken Geleise kommen sollte, kommt auf dem rechten und umgekehrt, d. h. verkehrt auf falschem Geleise.

Y Hilfsmaschine soll kommen.

⊥ „ „ zurückgehen.

b) **Beim Korbsignal:**

Ein Zug in der Richtung von N.

„   „   „   „   „   nach N.

Die Züge kommen in beiden Richtungen.

Eine Maschine soll zu Hilfe kommen in der Richtung aus N.

„   „   „   „   „   „   „   „   nach N.

Ein Zug fährt auf dem unrichtigen Geleise. (Kommt nur auf doppelgeleisigen Bahnen vor, wo in der Regel das linke Geleise befahren wird.)

Bei Nacht werden die entsprechenden Zeichen durch Combination verschiedenfärbiger Lampen gegeben, die mittelst eines Kettenzuges in den richtigen Distanzen am Maste aufgezogen werden.

Die am häufigsten vorkommenden Combinationen sind folgende:

Ein Zug kommt in der Richtung von N. Rothes Licht in der Richtung wohin der Zug geht, und weißes Licht in der Richtung woher er kömmt.

Die Züge kommen in beiden Richtungen. Nach beiden Seiten hin wird ein rothes und ein weißes Licht übereinandergestellt.

Eine Hilfslocomotive soll kommen. Grünes Licht nach der Richtung woher die Hilfslocomotive kommen soll, und weißes Licht nach der entgegengesetzten Richtung.

Ein Zug fährt auf dem unrichtigen Geleise. Zwei rothe Lichter in der Richtung wohin der Zug geht.

(Eisenbahnwesen.)

ad 2. Zur zweiten Art der optischen Signale gehören:

a) Die roth und weiß angestrichenen, festen oder drehbaren, größeren Signalscheiben, welche bei Nacht beleuchtet werden;

b) die roth und weiß angestrichenen Signalscheiben und die Laternen mit grünem und weißem Lichte bei den Ausweich-Vorrichtungen.

Diese Signale haben meist nur zwei Zustände auszudrücken, nämlich jene bei den Einfahrten in die Curven, Stationen, Bahnabzweigungen rc. „langsam fahren", und die Wechselscheiben mit ihren Laternen: „fahrbar" oder „nicht fahrbar". In letzterer Beziehung ist zu bemerken, daß die mit den Wechselvorrichtungen meist fest verbundenen Signalscheiben und Laternen gleichzeitig mit der Stellung des Wechsels so gerichtet werden, daß dem Locomotivführer der Zustand „fahrbar" oder „nicht fahrbar" sowohl bei Tag als bei Nacht genau signalisirt wird.

Kehrt eine solche Scheibe der Bahn ihre scharfe Seite zu, wodurch zur Nachtzeit das weiße Licht sichtbar wird, so bedeutet dieß Ordnung, Fahrbarkeit; wo hingegen das Erscheinen der roth und weiß angestrichenen Scheibe, womit zur Nachtzeit das grüne Licht sichtbar wird, bei einigen Bahnen Unordnung, Gefahr, bei anderen das Geschlossensein der Ausweichwechsel darstellt.

Im Allgemeinen kann als Grundsatz angegeben werden, daß bei wohl eingerichteten Signalsystemen das rothe Licht: Gefahr, Hilfe, — das grüne: Unregelmäßigkeit, Behutsamkeit, — und das weiße: Ordnung anzeigt.

Aehnlich wie mit der Farbe des Lichtes verhält es sich auch mit jener der Signalscheiben, wo jedoch nur roth und weiß für Gefahr und Ordnung gebräuchlich sind.

ad 3. Für die dritte Art der optischen Signale dienen Fahnen oder Laternen, die sich theils in den Händen der Bahnwächter befinden, theils an den Wagenzügen und Maschinen angebracht sind. So z. B. bedeutet es auf den meisten Bahnen „Ordnung und Fahrbarkeit" wenn der Wächter die Fahne oder Laterne ruhig ausstreckt, — „langsam fahren" wenn er sie über den Kopf schwenkt, — und „halten" wenn er sie von unten nach oben schwingt.

Das Herannahen eines Zuges wird in der Nacht durch zwei große Laternen an der Maschine kennbar, von denen die eine rothes, die andere weißes Licht führt; ebenso wird das Ende des Zuges durch ein rothes Licht am letzten Wagen bezeichnet. Folgt ein Zug nach, so steckt auf dem letzten Wagen eine Fahne, Scheibe oder eine Laterne mit grünem Lichte.

Kehrt eine Maschine oder ein Extrazug gleich zurück, so trägt er vorne eine Fahne oder eine grüne Laterne neben dem rothen Lichte.

Endlich sind noch die Signalfähnchen des Zugbegleitungspersonales zu nennen, welche hauptsächlich beim Ordnen der Züge in den Stationen und für außergewöhnliche Fällen dienen.

3. Gewöhnliche akustische Signale.

Die gewöhnlichen akustischen Signale sind:

1. Solche die mit der Glocke auf den Stationen dem Publikum gegeben werden und zum Besteigen der Wagen einladen oder die Ankunft von Zügen andeuten.

2. Solche welche der Locomotivführer mit der Dampfpfeife theils dem Bahnpersonale, theils dem Zugspersonale gibt. Dem ersteren wird nur ein allgemein verständliches Zeichen „Achtung" durch einen langen, gellenden Pfiff gegeben, während für letzteres schon mehrere Zeichen zu verschiedenen Verrichtungen, als z. B. mehrere rasch aufeinanderfolgende Töne für das Anziehen, — ein langer Ton mit einigen daraufolgenden kurzen Tönen für das Loslassen der Bremsen, — endlich mehrere zusammenhängende, lang-gedehnte höhere und tiefere Töne für den Hilferuf bestimmt sind.

3. Endlich jene, welche das Zugbegleitungspersonale dem Locomotivführer und unter sich gibt. Diese Zeichen werden meistens mit scharf tönenden Hörnern oder Pfeifchen gegeben. Sie bestehen in Zeichen zur Abfahrt des Zuges, zur Aufmerksamkeit, zur Hemmung. Hieher gehört auch das Zeichen „Gefahr", welches die Zugführer mittelst der Zugleine (einer über den ganzen Zug bis zum Hahn der Dampfpfeife führenden Schnur) geben können, indem sie an selber anziehen.

4. Knallsignale.

Die große Gefahr, welche dichte Nebel für die Sicherheit des Eisenbahnbetriebes bringen, hat die Idee selbstwirkender kräftiger Signale angeregt, welche dem herannahenden Zuge, durch sich selbst, ohne menschliches Zuthun an jeder beliebigen Stelle „Halt" gebieten. Diese selbstthätigen

Signale bestehen aus flachen Kapseln von starkem Blech, die mit einer explodirenden Substanz gefüllt sind und mittelst zweier daran gelötheter Blechstreifen auf den Schienen befestigt werden. Drückt das erste Rad der Locomotive auf eine solche Kapsel, so zerspringt sie mit heftigem Knalle und der Locomotivführer hält an.